Sam Jolig

Böse Mutter – gute Mutter

Eine mächtige Beziehung
bewusst leben

W0039107

GOLDMANN

Die Ratschläge in diesem Buch wurden von der Autorin und vom Verlag sorgfältig erwogen und geprüft, dennoch kann eine Garantie nicht übernommen werden. Eine Haftung der Autorin bzw. des Verlags und seiner Beauftragten für Personen-, Sach- und Vermögensschäden ist ausgeschlossen.

MIX
Papier aus verantwor-
tungsvollen Quellen
FSC
www.fsc.org
FSC® C014496

Verlagsgruppe Random House FSC-DEU-0100
Das für dieses Buch verwendete FSC-zertifizierte Papier *Classic 95*
liefert Stora Enso, Finnland.

1. Auflage
Originalausgabe Dezember 2012
Wilhelm Goldmann Verlag, München,
in der Verlagsgruppe Random House GmbH
© 2012 Wilhelm Goldmann Verlag, München,
in der Verlagsgruppe Random House GmbH
Umschlaggestaltung: Uno Werbeagentur, München
Umschlagmotiv: © Fine Pic®, München
Autorenfoto/Umschlagrückseite: © Irina Pudenz, Augenblick pur!,
www.augenblickpur.de
Redaktion: Ina Raki
Satz: Buch-Werkstatt GmbH, Bad Aibling
Druck und Bindung: GGP Media GmbH, Pößneck
KW · Herstellung: IH
Printed in Germany
ISBN 978-3-442-17339-6

www.goldmann-verlag.de

Inhalt

Vorwort von Bernhard Voss

Was haben Mütter mit Macht zu tun?
Die einfache Antwort auf diese Frage lautet: Alles.

Ich freue mich, das Vorwort zu Sam Joligs Buch schreiben zu können, weil die Erfahrungen, die Sam als zweifache Herzensmama mit ihren Kindern tagtäglich macht, ebenso wie ihre Erfahrungen mit Lehrern und Therapeuten, die sie in diesem Buch beschreibt, in authentischer Weise genau die Erlebnisse widerspiegeln, die ich in meiner nunmehr zwanzigjährigen psychotherapeutischen Praxis als Therapeut mit meinen Klienten mache: Am Ende ist es immer die Mutter.

Das mag zunächst banal klingen – Therapeuten haben ja bekanntermaßen ein Faible für die Mutterbeziehungen ihrer Klienten. Nicht selten ist die Mutterbeziehung eines Therapeuten gar der geheime Grund für dessen Berufswahl. Das war bei mir nicht anders. Doch dazu später mehr.

Der Blick auf unsere Mütter ist meist ambivalent.

Den meisten Therapeuten ist es zu Beginn ihrer Laufbahn nicht bewusst, und ihren Klienten noch viel weniger: Hinter all den Problemen, Chancen und Konflikten, sei es im Freundeskreis, am Arbeitsplatz und nicht zuletzt in den Beziehungen, steckt psycho-

dynamisch betrachtet immer nur eine Person – Sie haben es er-
raten: die Mutter.

Es ist durchaus kein Widerspruch, dass unsere Mütter für uns
Kinder zwei Gesichter hatten. Das eine haben wir in guter Erinnerung: Die Mutter, die uns Liebe, Trost und Fürsorge spendete, die
Mutter, an deren warmem Körper wir Schutz gesucht und gefunden haben. Das andere, meist verdrängte Gesicht unserer Mutter
ist das der Ablehnung, der Enttäuschung, der Manipulation oder
Forderung. Den meisten Menschen erscheint es wie ein Sakrileg,
die beinahe unbegrenzt machtvolle Seite ihrer Mütter zu beleuch-
ten – jene Macht, die buchstäblich ihr Leben in den Händen hatte.

Mit dieser Beziehungsprägung erleben wir heute die Beziehung
zu uns selbst, zu anderen Menschen, zu unserer gesamten Umwelt.
Ist das innere Abbild der Mutter negativ besetzt, beeinflusst dies
das gesamte Leben eines Menschen – und ebenso tun es die positiven Erinnerungen, die (idealerweise) überwiegen sollten. Unsere
Gegenwart ist – zumindest psychodynamisch betrachtet – gelebte Vergangenheit.

Ich glaube, dass der Stellenwert der Beziehung zu unseren Müttern gar nicht überschätzt werden kann. Macht man sich einmal auf
den nicht selten mühsamen Pfad der Selbsterforschung, trifft man
beinahe an jeder Wegbiegung kleine Hinweise, die unser heutiges
Befinden und Verhalten verständlicher machen. Manchmal ganz
feine, fast durch die Zeit verwehte Spuren entdecken wir dann.
Spuren, die, lange von uns übersehen, heute unsere ganz persönliche Geschichte erklären. Und all diesen Hinweisen ist eines gemeinsam: Sie wurden von unseren Müttern hinterlegt, vergessene
Fingerzeige, die wir als Wegweiser nutzten. Die Menschen, die wir

heute sind, unsere Sichtweisen und Überzeugungen gehen – ehrlich überprüft und so weit wie möglich objektiv betrachtet – auf unseren frühen Kindheitserfahrungen und damit auf unsere Mütter zurück.

Die Folgen dieser machtvollen Beziehung können wir tagtäglich in unserer Gesellschaft beobachten: Sie äußern sich im Umgang mit der Umwelt, mit Mitbürgern, mit den ach so nervigen Nachbarn, um nur einige zu nennen. Der tägliche Stress am Arbeitsplatz lässt sich ebenso leicht auf früh erlebte mütterliche Machtstrukturen zurückführen wie Autoritätskonflikte in den Familien.

Sie werden auf Ihrer Reise ins Mutterland ganz verschiedene Muttertypen kennenlernen, die Ihnen mehr oder minder vertraut vorkommen werden. Da gibt es die immer beschäftigte »Miss Laptop«, die so beeindruckende »Frau Tombraider« und die sicher vielen von Ihnen vertraute »Frau Saubermann«. Sam Jolig gelingt es in diesem Buch, auch komplexe Charakterstrukturen mit ihren Schwächen und Stärken in einfachen Worten zu beschreiben und dabei nicht den Blick auf die Qualitäten jeder einzelnen Struktur, pardon: Mutter, zu verlieren. Nach der Lektüre des Buches wird es Ihnen leichter fallen, sich selbst und Ihre Handlungsweisen in dieser oder jener Muttermacht begründet wiederzufinden.

Nicht zuletzt ist das Wissen um unsere inneren Mächte dazu geeignet, uns selbst immer wieder zu überprüfen und die Verantwortung für unser Leben nicht beim anderen zu suchen. Machen wir uns nichts vor: Wir sind mächtige Wesen, und wir stehen in der täglichen Verantwortung, diese Macht zu nutzen – wenn möglich zum Besten aller Wesen. Dass das nicht immer gelingt, zeigt uns ein Blick in die Nachrichten. Lassen Sie bitte nur für einen Moment den Gedanken zu, dass all die Menschen, über die in der Tagesschau berichtet wird und über die Sie vielleicht fassungslos den Kopf schütteln, zumindest eines mit uns gemeinsam haben: Sie alle haben Macht und Ohnmacht, genau wie wir selbst, bei ihren Müttern gelernt. Insofern ist der Blick in die Gesellschaft auch ein Blick auf frühe mütterliche Bindungsformen und Sozialisationen.

Lassen Sie mich kurz erzählen, wie ich Therapeut geworden bin – und was meine Mutter damit zu tun hatte.

Ich erinnere mich noch an beinahe jedes Detail meiner ersten Therapiestunde im Rahmen meiner Ausbildung zum Gestalttherapeuten. Ich war Mitte zwanzig und saß das erste Mal mutterseelenallein direkt vor meinem Lehrtherapeuten in der Mitte meiner Ausbildungsgruppe. Er schaute mich freundlich und mit einem wissenden Lächeln an. Das erste Mal im Leben ging es ausschließlich um mich. Tapfer berichtete ich ihm von meinen Spannungen, von dem Gefühl, manchmal nicht durchatmen zu können und von dem ungeheuren Erfolgsdruck, den ich täglich während meiner damals noch physiotherapeutischen Tätigkeit empfand. Nachdem ich geendet hatte, sagte mein Ausbilder zunächst einmal nichts, und in der Gruppe herrschte Stille. Schließlich beugte sich mein Ausbilder vor und schaute mich liebevoll an. Dann sagte er: »Weißt du, Bernhard, ich glaube, das alles hat etwas mit deiner Mutter zu tun.«

Meine Reaktion auf diesen Satz war gleichermaßen naiv und spontan zugleich: »Mit meiner Mutter? Was soll denn das mit meiner Mutter zu tun haben?«, sprudelte es aus mir heraus. »Meine Mutter ist der liebste Mensch auf der ganzen Welt. Es geht ihr doch nur gut, wenn es mir gut geht«, legte ich ohne zu überlegen nach.

Sofort war mir meine impulsive Antwort peinlich. Ich wollte alles andere als dem von mir verehrten und auch etwas gefürchteten Ausbildungsleiter widersprechen. Die erfahrenen Teilnehmer in der Ausbildungsgruppe begannen zu lächeln. Ich werde wohl niemals den mitfühlenden Blick meines Lehrtherapeuten in diesem Moment vergessen, dessen Ausstrahlung noch warmherziger zu werden schien als zuvor. Dann antwortete er: »Na, da hast du ja keine leichte Aufgabe, Bernhard. Dann darf es dir ja nie im Leben schlecht gehen. Da musst du dich ja sehr, seeehr anstrengen.«

Peng. So begann meine therapeutische Laufbahn.

Sie werden in Sams Buch verschiedene Müttertypen und deren Machtformen kennenlernen. Vermutlich erkennen Sie sich selbst in nicht wenigen Aspekten wieder. Wann immer Sie sich an sich selbst erinnert fühlen, denken Sie daran, dass Sie gleichzeitig Aspekte Ihrer Mutter und damit Ihrer ganz persönlichen Kindheitsgeschichte entdecken. Bestenfalls haben Sie Verständnis für die Lebensgeschichte Ihrer Mutter entwickelt, und idealerweise ist in Ihnen eine natürliche Dankbarkeit dafür entstanden, dass Ihre Mutter Ihnen das Leben und noch viel mehr geschenkt hat. Wenn nicht, dann bietet Ihnen dieses Buch hilfreiche Erklärungen und Hinweise, wo vielleicht noch Verstrickungen gelöst werden wollen und Potenziale brachliegen. In einem Punkt sind sich übrigens die meisten Therapeutinnen und Therapeuten ausnahmslos einig (und das ist wirklich selten, das können Sie mir glauben): Schuldzuweisungen kosten Kraft. Danken, Annehmen und Verzeihen den Eltern gegenüber macht frei.

Sam Joligs Buch bietet Ihnen die Möglichkeit, alte Vorwürfe neu zu überdenken und im besten Falle über Bord zu werfen.

Eines der für mich schönsten Zitate aus der therapeutischen Welt stammt von Irwin D. Yalom. Er schreibt in einem seiner Bücher, dass er sich als Therapeut manchmal eine Frage stellt: »Ich frage mich, was würden wir Therapeuten wohl tun, wenn wir die Frage ›Ich frage mich …‹ nicht hätten.«

Ich erlaube mir, seinen Gedanken etwas abzuwandeln und frage mich: Was würden wir Therapeuten wohl tun, wenn unsere Klienten keine Mütter hätten?

Die einfache Antwort darauf lautet: Wir wären arbeitslos.

Ich wünsche Ihnen viel Freude mit Sam Joligs Buch.

> Bernhard Voss
> Therapeut, Ausbilder und Coach
> Voss-Institut

Einleitung

Es war der erste Tag meiner Ausbildung zur systemischen Prozessbegleiterin. Meine Lieblingsstadt, Hamburg, hatte mich wieder, und ich saß zum ersten Mal in dem Institut, in dem ich diese Ausbildung absolvieren wollte, barfuß auf dem blauen Teppichboden im großen Behandlungsraum des Institutes.

Die nach und nach ankommenden Teilnehmer schienen sich alle schon zu kennen. Ich fühlte mich fremd. Kannte niemanden außer der Ausbildungsleiterin und Mitinhaberin Gabriele Lehnen, die mich auf diese Reise zu mir selbst eingeladen hatte. Damals wusste ich noch nicht, wie intensiv und erfahrungsreich meine Zeit in Hamburg tatsächlich werden sollte. Ich saß nervös in meiner Ecke und wartete auf den ersten Akt. Die Plätze rechts und links neben mir füllten sich, und wie kaum anders zu erwarten, galt die Aufmerksamkeit nach einer kurzen Vorstellungsrunde mir.

Während mich zwanzig Augenpaare anstarrten, drang meine Ausbilderin mit ihren Fragen tief in mein Inneres vor. Ich berichtete von einem aktuellen Fall großer, menschlicher Enttäuschung, der sich beruflich zugetragen hatte – und der mich an der Menschheit überhaupt, vor allem aber an mir selbst zweifeln ließ. Mein Vertrauen war schwer enttäuscht worden. Doch was tat ich nun hier, vor lauter fremden Menschen? Sollte mir das helfen? Meine Gedanken rotierten, und ich versuchte, meine vor Aufregung bebende Stimme unter Kontrolle zu halten. Sanft und mitfühlend wollte ich bleiben, möglichst neutral und ohne üble Nachrede von den Menschen berichten, die mich so verletzt hatten. Selbstreflektierend und liebevoll wollte ich das Problem überwinden.

Aber um liebevoll ging es hier gerade nicht.

Die Ausbildungsleiterin, die mir aufmerksam zugehört hatte und mit gezielten Fragen mehr und mehr über mich erfuhr, kreierte plötzlich ein Setting. Ein Berg von Kissen, ein Schlagstock und ich kniend davor. Alle schienen zu wissen, was nun kommen sollte. Ein junger Mann aus der Gruppe, mit ernstem Gesicht und einem Körper aus Stahl, kam auf mich zu. Er erklärte mir, wie ich den Knüppel halten sollte. Ich war verunsichert. Ich sollte schlagen und meine Wut rauslassen. Wohin sollte das führen? Also schlug ich erst einmal recht zaghaft und fragend auf die Kissen ein. Die Gruppe kroch näher an mich heran. Wie eine Schar Krabbeltiere rückten sie mir auf den Leib. Speiübel war mir dabei. Heiß und kalt, ich fühlte mich bedrängt. Die Therapeutin peitschte unterdessen meine Wut auf ihre Weise weiter an. Mit jedem weiteren Schlag wurde ich wütender. Ich zog voller Wucht meinen Knüppel über die Kissen und fing dabei an zu brüllen. Ein Schlag, ein Schrei. Die Gruppe bejubelte mich und forderte mehr. »Los, schlag! Lass es raus! Hau drauf! Schrei es raus! Mehr, noch mehr … mehr!«

Wie von Sinnen schlug und schrie ich mir die Seele aus dem Leib. Meinen Schmerz, meine Trauer, die unendliche Wut, all die Enttäuschung. Und dann war es irgendwann gut, und es wurde still. Ich wurde still.

Und so startete ein neuer Abschnitt meiner Reise ins Ich. Mit wundervollen Ausbildern und einer starken Gruppe.

Das Buch »Böse Mutter – gute Mutter« ist ein wichtiger Baustein auf meinem Weg zu persönlicher Freiheit und Macht.

Gestolpert bin ich anfangs über das Wort Macht. Dennoch hatte mein Ausbilder, ein machtvoller, kraftvoller und liebenswerter Mann, im Rahmen der Ausbildung mit seinen Vorträgen über die Macht der Mutter einen Nerv in mir getroffen. Eine Mischung aus Ablehnung und Anziehung ließ mich näher hinschauen.

Durch weitere Ausbildungen in den letzten Jahren, die sich mit Charaktertypologien, dem Körper und der Psyche des Menschen befassten, konnte ich mich dann weiter in das Thema vertiefen. Ich wollte wissen, wie diese Macht aussieht, wollte meine eigene Kraft fördern und mich von alten Mustern und Verstrickungen befreien.

Falls dieses Buch Sie dazu anregt, die Mächte der Mütter zu verstehen und zu nutzen, finden Sie am Ende des Buches eine Auswahl von Kontaktmöglichkeiten und Adressen, die mir auf meinem Weg weitergeholfen haben. Manche Schritte müssen wir nicht allein gehen.

Gern möchte ich nun meine Erkenntnisse und Überlegungen mit Ihnen teilen. Ich möchte Sie inspirieren und Ihnen Mut machen, die wohl mächtigste Beziehung, die wir Menschen haben, zu durchleuchten und eigene Verstrickungen und Muster, die durch Ihre Prägung entstanden sind, im Heute zu erkennen und aufzulösen. Für eine persönliche Freiheit.

Die Rückschau ist eine Möglichkeit auf dem Weg der eigenen Entwicklung. Ich habe meine Thesen entwickelt und dabei auf die Ideen der Psychodynamik und der systemischen Ordnung zurückgegriffen. Beide Richtungen sind als Mittel sicher getrennt voneinander zu bewerten, passen aber als Bausteine aufeinander. Allerdings stellt mein Buch kein Fachbuch der Psychologie, des Familienstellens oder überhaupt der Therapiearbeit dar. Ich freue mich, mein Wissen und meine Hypothesen zum Thema in die Welt geben zu können. Ich möchte für Sie so etwas wie eine Freundin auf dem Weg sein, die selbst erfreut über Reflexionsmöglichkeiten und die eigene Entwicklung ist. Auch ich konnte meine Erfahrungen mit den oben genannten Systemen am eigenen Leib machen und bin durch viele Prozesse gegangen – schmerzliche und freudvolle. Von ein paar eigenen wichtigen Erfahrungen berichte ich Ihnen gern in diesem Buch.

Alle »unsichtbaren« Fäden, die mich und auch Freunde auf dem bisherigen Lebensweg leiteten, führten mich nach intensiver Innenschau und Reflexion meines Verhaltens letztlich immer zu einer Person: zur Mutter.

Wir sind von unserer Mutter geboren, erfahren durch sie unsere Prägung, und selbst wenn sie uns früh verlassen haben sollte, selbst wenn wir nicht direkt an ihrer Seite groß geworden sind, hat unsere Mutter Einfluss auf unser gesamtes Leben. Ja, auch die Väter spielen eine nicht unwesentliche Rolle, auf die ich natürlich auch eingehen werde, aber die erste Person in unserem Leben, mit der wir wirklich tief verbunden sind, ist die Mutter.

Der Titel »Böse Mutter – gute Mutter«, liebe Leser, ist selbstverständlich eine Provokation. Ich möchte mir nicht anmaßen, in Gut und Böse, in Richtig und Falsch, in Schwarz und Weiß zu teilen. Dennoch ist mir bewusst, wie mächtig, gar übermächtig manche Verbindung zur Mutter ist. Da ist es aus meiner Sicht sehr wichtig,

Verstrickungen und Muster zu verstehen, die wir im Heute leben. Damit wir das, was unserem inneren Kind noch immer Schmerzen bereitet, heilen können. Schauen wir dann auf unsere Kindheit, unsere Erfahrungen, die Prägung, dann ist eben nicht alles nur gut. Oder wir sehen diese großartige, gute Frau, die unsere Mutter ist und für die wir bis heute alles tun würden – vielleicht sogar sterben –, dann frage ich mich: Ist das wirklich gesund? Selbst wenn man das Gefühl hat, ein geklärtes Verhältnis zu seiner Mutter zu haben, stellt sich die Frage nach der Verbindung über die Mutter in die Welt. Was haben also meine Probleme heute mit meiner Mutter zu tun?

Viele von uns sind bereits selbst Mutter und haben eine große Verantwortung für ihre Kinder übernommen. Die eigene Ausstrahlung, die eigene Kraft, die eigene Macht dabei einmal genauer zu betrachten und darüber nachzudenken, was wir an unsere Kinder weitergeben, ist mehr als sinnvoll.

Meine Macht zu leben, das heißt für mich, kraftvoll zu sein, liebevoll und frei in meinem Geist und meinem Handeln. Macht als das Erleben einer stillen Kraft ohne Anfang und ohne Ende.

All dies letztlich, um nach einem selbstbestimmten und mutigen Leben in Frieden gehen zu können.

Gemeinsam frei sein.
In Liebe.
Ihre/Eure Sandra »Sam«

Geliebte Herrschaft:
Was Mütter
mit Macht zu tun haben

»Die Mutter hat die größte Macht im System.«

Bernhard Voss,
Therapeut, Lehrer und Coach

Als ich diesen Satz zum ersten Mal hörte, war ich entsetzt. Wie kann eine Mutter als Macht bezeichnet werden? Frauen, die Kinder auf die Welt bringen, die sie aufziehen, versorgen und sie lieben, sind doch keine Macht, dachte ich.

Jeder von uns hat eine Mutter. Ohne sie wären wir nicht hier. Sie hat uns im Mutterleib genährt, getragen und geboren. Sie war unsere erste Kontaktquelle des Lebens. Was für eine Macht soll das sein?

Um uns diese Frage zu beantworten, richten wir unseren Blick zuerst auf die Bedeutung von Macht. Das Verständnis von Macht ist bei jedem von uns sicher ein wenig unterschiedlich. Jeder Mensch sieht mit seinen Augen, hört mit seinen Ohren, ist sein eigener »Erleber«. Dieser Begriff – Erleber – wird im Buddhismus verwendet und bezeichnet das unmittelbare Erleben aus der ganz individuellen Perspektive, aus der ein Mensch in die Welt schaut – jeder ist also sein Erleber.

Und Macht hat dabei viele Gesichter. Viele verschiedene Eindrücke in unserem Geist hinterlassen ihre Spuren und kreieren

21

somit unsere Vorstellung von Macht: Macht kann Autorität, Befehlsgewalt, Einfluss, Stärke, Gewalt, Herrschaft oder pure Kraft sein. Macht kann positiv oder negativ besetzt sein. Macht kann sich wandeln. Macht kann sich tarnen. Macht kann laut sein, und Macht kann sehr still agieren. Macht kann uns ängstigen, und Macht kann uns stärken. Aus diesem Grund ist es wichtig, dass gerade Frauen und Mütter mit ihrer natürlichen und sehr starken Macht sehr bewusst und konstruktiv umzugehen lernen.

Willkommen im Mutterland: Was in den ersten Lebensjahren geschieht

Das Erste, was ein Kind kennenlernt, ist die Mutter. Das Kind erlebt seine Mutter. Das Kind schaut mit den Augen der Mutter, hört mit ihren Ohren. Die Identifikation mit den Ansichten der Mutter beeinflusst sogar sein Immunsystem. Schon im Mutterleib spürt das Kind nicht nur, was die Mutter emotional berührt, sondern durch die Verbindung des Blutkreislaufes ist die Symbiose von Mutter und Kind mehr als offensichtlich.

Bereits in der Schwangerschaft kann es zu Störungen kommen. Wurde das Kind in dieser Zeit von der Mutter abgelehnt? Gab es Krankheit und möglicherweise medizinische Eingriffe, oder musste die werdende Mutter Antibiotika einnehmen? War die Geburt einfach und natürlich oder langwierig und voller Hindernisse? Bereits hier werden die Weichen für das kindliche Vertrauen in die Welt gelegt.

Und sobald das Kind auf der Welt ist, ist sein Blick auf die Welt der Blick auf die Mutter, die aus den Augen des Kindes als Lebensspenderin gottähnlich Nahrung, Wärme und Liebe zur Verfügung stellt.

Dann wächst das Kind heran. Erlebnisse, Eindrücke und damit verbundene Emotionen prägen es. Wie gut fühlt es sich versorgt, wie frei darf es aufwachsen, wie sicher fühlt sich sein Platz als Kind in der Familie an? Hierbei ist es vorwiegend auf seine Mutter fokussiert, sieht sie, hört sie, fühlt sie, wächst Stück für Stück zu einer eigenen Persönlichkeit aus dieser ersten großen Verschmelzung mit der Mutter heraus.

Der Vater spielt natürlich auch eine Rolle für das Kind, aber zu diesem Zeitpunkt eher in seiner Beziehung zur Mutter: Wie verstehen sich Vater und Mutter? Wie gehen sie miteinander um? Füllt der Vater den Platz an der Seite der Mutter als Partner und Vater »richtig« aus? Wie schaut er auf das Kind, wie schaut das Kind auf ihn? Ist er kraftvoll, liebevoll, präsent?

Erst wenn das Kind sieben Jahre alt ist, haben sich die vier großen Themen des Lebens psychologisch entwickelt:

- **Vertrauen**
- **Versorgung**
- **Macht/Autonomie**
- **Leistung**

Alles, was folgt, bestätigt die entstandenen Muster oder stellt lediglich ein Fein-Tuning für die Psyche des Kindes dar.

Ein Beispiel der Muttermacht

Betrachten wir doch zuerst einmal ein Fallbeispiel der Macht genauer. Mit diesem möchte ich Ihnen das Thema »Muttermacht« noch näher bringen.

Bewusst greife ich jetzt ein weniger schönes Beispiel ausgelebter Macht heraus. Einer Macht, die Kontrolle, Verletzung und sogar Krieg bedeutete: Josef Stalin. Einst der kleine »Sosselo«, wurde er später zum Massenmörder. Hierzu kann ich Ihnen übrigens das interessante Buch von Jörg Zittlau über die Eltern berühmter Personen empfehlen (siehe Literaturverzeichnis im Anhang, Seite 255), das mir als Basis für meine folgenden Hypothesen mehr als hilfreich war. Josef Stalin also symbolisierte Macht in einer sehr deutlichen Form. In seiner Befehlsgewalt lagen Entscheidungen, die sogar Krieg und mörderische Gewalt bedeuten konnten. Er ist sicher einer der größten Tyrannen und Menschenschlächter, die es je gegeben hat. Seine Ausstrahlung, seine Präsenz und die damit verbundene Autorität lösen noch heute bestimmte Emotionen in den Menschen aus. Wie individuell diese Emotionen auch sein mögen, einig sind sich bestimmt alle darin, dass Stalin ein sehr mächtiger Mann war. Seine Machtausübung hatte immer einen extrem negativen Beigeschmack. Bereits in der Schule hielten seine Kameraden lieber Abstand zu dem sonderbar kalten Jungen, der immer direkt die Führung an sich zog. Dennoch waren sie auch irgendwie interessiert an ihm und seinem Tun. Er schaffte es, dass man ihm folgte.

Wie wir »Macht« erlernen – die wichtigen ersten Jahre

Nun handelt es sich bei diesem ersten Beispiel um einen machtvollen Mann, nicht eine Frau. Und vielleicht werden Sie jetzt fragen: Was hat das mit Muttermacht zu tun?

Hier ist die Antwort: Jeder Mensch, der Macht besitzt, ist von einer Mutter zur Welt gebracht und – gehen wir nicht von einem Sonderfall wie etwa der Adoption aus – meist auch aufgezogen worden.

Das heißt: Er hat gelernt, machtvoll zu sein. »Etwas« hat ihn gelehrt, stark zu werden. Kraftvoll und bedeutend. Dieses »Etwas« war die Mutter. Im Kontakt zur Mutter erlernen Jungen und Mädchen ihren ganz persönlichen Zugang zu ihrer zunächst einmal kindlichen Macht. An und mit der Mutter lernen die Kinder, was es bedeuten kann, zu dominieren und im besten Fall auch im richtigen Moment nachzugeben.

Alle großen Therapierichtungen der sogenannten »humanistischen Psychotherapien« – wie etwa die Gestalttherapie, Hakomi (eine tiefenpsychologisch begründete, körper- und erfahrungsorientierte Therapiemethode), die Gesprächstherapie nach Rogers, Biodynamik, Bioenergetik, Core Energetik, reichianische Körperarbeit und andere – stimmen in einer Ansicht überein: Sie gehen alle davon aus, dass im Alter von null bis sieben Jahren die »psychische Festplatte« eines Kindes beschrieben wird. Im Alter von null bis vier Jahren erlebt das Kind die Welt in der unmittelbaren Präsenz der Mutter. Anschließend dann in der Zeit von vier bis sieben Jahren dürfen die Väter ihrer wichtigen Aufgabe, für das Kind präsent zu sein, im besonderen Maße nachkommen.

Zu Beginn ihres Lebens lernen die Kinder also bereits den Umgang mit der Macht, und sie lernen, eine eigene Stärke zu entwickeln – die dann im Heranwachsen sicher noch eine deutlichere Ausprägung bekommt.

Blicken wir nun nochmals auf unser Fallbeispiel Josef Stalin, ahnen wir jetzt, dass seine Geschichte, vor allem aber sein Kontakt zur Mutter, ihn zu dem gemacht hat, was er später wurde.

Welch eine Muttermacht! Wir können davon ausgehen, dass Schlüsselsätze wie »Ich mach es für dich, Mama« Stalins Unterbewusstsein nicht fremd waren. Mächtige Männer entwickeln sich häufig durch die »Ich-muss-Mama-retten-Energie«, die sie ins Erwachsenen-Leben transportieren.

Ein Kind, das stets den Kampf oder das Unglück der Mutter – beispielsweise in Bezug auf den Vater – erfährt und ihr Leid spürt, ist automatisch auf ihr Heil fixiert. Dieses Kind möchte nur die Harmonie und die einst glückliche Verbindung aufrechterhalten. Und es wird alles dafür tun. Ein Kind stirbt sogar für seine Eltern.

Zurück zu unserem Fallbeispiel: Bei Josef Stalin finden wir eine weitere Komponente, die sein hohes Aggressionspotenzial (Kampfbereitschaft etc.) erklären kann.

Als Sohn eines einst reichen Schusters, mit eigener Fabrik, und dessen eleganter Frau, die beide als gutsituiertes Paar das perfekte Glück ausstrahlten, schien der Start in Josefs Leben gelungen. Doch das Glück des kleinen Buben dauerte nicht lange an. Vielleicht spielte die Tatsache eine Rolle, dass Josef zwei ältere Brüder gehabt hätte, die beide kurz nach der Geburt starben und so seine Eltern die Trauer und den Verlust überwinden mussten. Die Ehe geriet nach Josefs Ankunft schnell in Schieflage. Die Mutter hing sehr an ihrem einzigen überlebenden Nachkommen. Ihr Fokus war klar definiert. Der Vater begann zu trinken. Mehr und mehr, und er wurde mit zunehmendem Alkoholkonsum ungehaltener, aggressiver und brutaler zu seinen »Lieben«. Grundlos schlug er Frau und Kind. Der kleine Bub versteckte sich manchmal sogar bei den Nachbarn vor dem heimkehrenden Vater. Mit vier Jahren lebte er bereits in einem Haushalt voller Brutalität. Allein das zeigt das Verhältnis zu Gewalt und Macht, das dieser Junge erfahren musste. Über seine Mutter erzählte man sich dann noch in der Stadt, sie hätte Liebschaften mit anderen Männern. Und dass der kleine Josef vielleicht gar nicht der Sohn seines Vaters sei. Kein Kind lässt so etwas unberührt.

Einmal hatte der betrunkene Vater wieder die Mutter in seinen wütenden Händen, würgte sie und schlug sie brutal nieder. Da konnte Josef nicht anders und warf ein Messer nach seinem Vater, um seine Mutter zu retten.

Doch auch die traute »Zweisamkeit« von Mutter und Sohn war nicht von Dauer in Josefs Leben. Selbst die Mutter begann irgendwann, ihren aufmüpfig und stark gewordenen Sohn zu dominieren und zu schlagen. Nachdem Josefs Vater die Familie verlassen hatte, als der Junge zehn Jahre alt war, machte sich die Erleichterung der Mutter über den Fortgang des Vaters breit. Endlich konnte sie ihren Jungen so erziehen, wie sie es sich vorstellte: zu einem besseren Mann, zu einem Ritter, einem Gläubigen – tapfer, gescheit, edel und fromm. Das versucht sie wohl häufiger auch mit »schlagkräftigen« Mitteln: Zu einem späteren Zeitpunkt soll sie sogar einmal zu ihrem Sohn gesagt haben, dass die Schläge ihm wohl nicht geschadet hätten.

Josefs Frauenbild war durch seine Herkunftsgeschichte natürlich zwiegespalten. Zum einem fühlte er sich zu auch sexuell dominanten Frauen hingezogen, zum anderen kam für eine Ehe »so eine« natürlich nicht in Frage.

Wenn wir nun aber nachvollziehen wollen, wie aus diesem Jungen ein so machthungriger und auch mächtiger Mann werden konnte und welchen Zusammenhang wir zu seiner Mutterbeziehung erkennen können, möchte ich zu einem besseren Verständnis einen Blick auf die frühkindliche Erfahrung jedes Menschen mit Autonomie werfen.

Idealerweise erlebt das etwa zweieinhalbjährige Kind die eigene Mutter als unterstützend und gleichzeitig loslassend. Eine gesunde Mutter-Kind-Beziehung zeichnet sich gerade durch die Dualität von Haltgeben und Loslassen aus. Das gesunde Kind wird von der Mutter darin unterstützt, sie zu verlassen, um buchstäblich auf eigenen Beinen zu stehen und in die neue Welt zu laufen. Es erlebt sich selbst als kraftvoll und autonom und erfreut sich daran im Bewusstsein eines sicheren Hafens (Mutter), tatsächlich ohne fremde Hilfe Dinge bewegen und erreichen zu können.

Als erwachsener Mensch wird dieses Kind die Welt und andere Menschen bewegen und ein tiefes Vertrauen in seine Autonomie im Kontakt zu anderen entwickelt haben. Ganz anders geht es einem Kind, das im Machtfeld einer Mutter aufwächst und die Freuden der Macht selbst nicht erleben durfte. Die erste kindliche Autonomie wird hier durch Manipulation unterdrückt. Extreme Machtausübung der Eltern durch Themen wie die Sauberkeitserziehung, Tischmanieren (immer alles aufessen), unbedingtes pünktliches Zubettgehen und Ähnliches prägen die Bindung.

Liegt die Aufmerksamkeit der Mutter vor allem auf Machtausübung und Autonomiebeschränkung, entwickeln sich hieraus meist Charakterstrukturen, für die Freiheit und Selbstverantwortung eine Bedrohung darstellen. Da der primäre Kontakt zur Mutter durch Unterdrückung gekennzeichnet war, wird das spätere Leben dieses Menschen von eben diesen Themen geprägt sein. Natürlich versteckt sich hinter dem scheinbar angepassten Verhalten des gegängelten Kindes jede Menge Aggression.

Je stärker strenge Regeln oder gar sinnloses Dominieren die Erziehung eines Kindes beherrschen, desto geringer ist die Chance des Kindes auf Autonomie, desto eher wird es die Wut anstatt gegen die Mutter gegen sich selbst richten, schlimmstenfalls bis hin zur Selbstverstümmelung. Wenn Bestrafung als hauptsächliche Form der Hinwendung vom Kind erlebt wurde, kann Strafe und Schmerz später als lustvoll empfunden werden.

Trotz allen Leids erlebt das Kind eine Diskrepanz zwischen Retten und Verachten. Kinder lieben ihre Eltern immer für das, was sie sind, und verachten sie für das, was sie ihren Kindern (an)getan haben. Die Auswirkungen auf spätere Paarbeziehung und wiederum die Beziehung zu den eigenen Kindern betrachten wir zu einem späteren Zeitpunkt.

Wer also unter massivem Druck aufwächst, hat sich damit vertraut gemacht und ist später in der Lage, ihn gegen sich und andere einzusetzen. Die gelernten oder aus der Not entwickelten Anteile werden in welcher Form auch immer gelebt.

Aus diesem Blickwinkel betrachtet, hatte Stalin sicher keine leichte, freie oder drucklose Kindheit. Der brutale Vater, der seine Wut an seinem Sohn ausließ, und die still dominierende Mutter, die ihrem Sohn erst nicht ausreichend zu Hilfe kommt und sich später ihrerseits den perfekten Mann ziehen will.

Josef Stalin lernt so, dass Gewalt ein Mittel ist, kein Übel. Und dass es sich lohnt, der »Mächtige« zu sein, um nicht leiden zu müssen. Gewalt war zwischen seinen Eltern und in der Beziehung der Eltern zu ihm schlicht ein Weg der Kommunikation. Gelernt ist eben gelernt. Dabei geht es nicht um die Frage, mit welcher Intention die Mutter auf ihr Kind einwirkte, und auch nicht darum, ob sie zu bestimmten Handlungen ihrerseits gezwungen wurde. Fakt ist, dass Josef Stalin seine Mutter nicht als liebevoll vermittelnd, weichherzig und mütterlich unterstützend empfunden hat. Kälte, Härte und Kontrolle über ihn hat er viele Jahre als Prägung erfahren.

Immer wieder stelle ich Ihnen in diesem Buch anhand von Fallbeispielen die verschiedenen Charakterstrukturen dar, damit Sie ein Verständnis dafür bekommen, wie Menschen sich entwickeln. Und bestimmt entdecken Sie im Laufe des Lesens irgendwann auch Parallelen zu Ihrer eigenen Geschichte. Tatsächlich zu verstehen, welche Präsenz, welchen Einfluss und welche Autorität die Mutter im Familiensystem besitzt, ist eine wertvolle Hilfe auf dem Weg zu sich selbst. Sogar eine ablehnende oder abwesende Mutter prägt ihr Kind. Abwenden, wegschauen und ignorieren sind lediglich unterbrochene Hin-Bewegungen. Eine Mutter ist und bleibt Mutter – ob sie will oder nicht.

Muttermacht – ein zweites Beispiel

Wir könnten noch mehr solcher »machtvollen« Beispiele bedeutender Männer aufführen und immer wieder einen Blick auf ihre Mütter werfen. Wie war das bei Alexander dem Großen? Auch

Adolf Hitler, John F. Kennedy, Wolfgang Amadeus Mozart und Andre Agassi haben einen allumfassenden Druck und kaum Kindheit erfahren müssen – und über diese Prägung ihr Leben kreiert.

Vielleicht werfen wir aber tatsächlich noch einen Blick auf ein weiteres prominentes Fallbeispiel. Doch diesmal betrachten wir eine Frau – und selbstverständlich ihre Mutter: Elizabeth Taylor und Mama Sara.

Schön war sie nicht, als sie geboren wurde, Elizabeth Taylor: Seltsam behaart am ganzen Körper, glich sie eher einem Affenbaby als einem hübschen Menschenkind. Doch bereits im Alter von zwei Jahren war das Kind zu einer echten Schönheit geworden. Und so wurde die Zukunft der Kleinen besiegelt: Mutter Sara tat alles, um aus ihrem Kind einen Star zu machen. Das, was sie selbst als Schauspielerin nicht fertigbrachte, sollte nun die junge Tochter Liz erreichen. Liz' Vater hielt sich weitestgehend aus den Plänen seiner Frau heraus und kümmerte sich dafür um den gemeinsamen Sohn, der sich aus den Fängen der pedanten Mutter befreien konnte. Die gewaltigen Karrierepläne für die junge Liz raubten dem Kind seine Kindheit. Sie verlor sich in einer »Scheinwelt« und lebte in ihren Rollen. Als sie sieben Jahre alt war, empfand man ihr Gesicht und den Blick aus ihren Augen bereits als zu erwachsen. Spurte die kleine Liz einmal nicht, folgte Strafe durch Ablehnung und eisiges Schweigen der Mutter. Meist bedrückte es das Kind so sehr, nicht mehr von Mutter »angenommen« zu sein, dass es mit kleinen Versöhnungsbriefchen wieder einlenkte und Mutters Wünschen nachkam. Liz wurde klein und naiv gehalten. So war sie immer auf der Suche nicht nur nach sich selbst, sondern nach Erfüllung und wirklichem Frieden – auf diesem Weg ging sie später acht Ehen ein.

Ihre Persönlichkeit formte sie schon früh aus den verschiedenen Figuren, die sie mimte. Das Kind, das Mädchen, die junge Frau hatte kaum eine Chance, sich unter Gleichgesinnten zu entwickeln. Sie lebte ihre gelernten Rollen. Eine Rolle jedoch, nämlich die der fürsorglichen, liebenden, verständnisvollen Mutter wuchs aus dem festen Entschluss heraus, niemals so zu werden wie ihre Mutter.

Sehen Sie, mit welcher Kraft Mutter Sara das gesamte Leben ihrer Tochter bestimmte? Wie viel Macht Liebesentzug auf ein Kind ausübt? Die strenge und überambitionierte Mutter gewährte ihrem Kind keine freie Entwicklung der eigenen Persönlichkeit. Elizabeth, die von sich selbst sagte, nicht den tiefen Wunsch nach einer Schauspielkarriere verspürt zu haben, sondern der Mutter entsprochen zu haben, zeigt deutlich, wie es um die Macht zwischen den beiden stand: Das Kind, das sich beugt, nur um geliebt zu werden, das den Verlust eines »normalen« Familienlebens dafür hinnimmt und sicher auch den Vater vermisst hat, nur um in der »Pseudosymbiose« mit der Mutter zu verweilen. Wahrscheinlich in der ewigen Hoffnung, dass alles doch noch gut wird. Der Weg, im Alter das Gegenteil von dem zu sein, oder das Gegenteil von dem zu tun, was Liz durch ihre Mutter erfahren hat, ist mit einer solchen Abwendung doch nur eine unterbrochene Hin-Bewegung. So hätte sie sich ihre Mutter gewünscht – das hat ihre Prägung vollbracht.

Auf einen Blick …

Fassen wir also zusammen: Auf dem Weg zu sich selbst und hin zur eigenen Stärke ist es wichtig, seine Wurzeln zu betrachten. Wir sind wie unsere Eltern – und ein bisschen mehr.

Der Einfluss, den unsere Mutter auf uns genommen hat, prägt unser Sein: Die Mutter im Zusammenspiel der Familie, als unsere erste große Beziehung, als unser Vorbild. Ihre Emotionen und ihre Handlungen machen unsere Entwicklung aus. Ihre Stärke, ihre Autorität, ihre Herrschaft, vielleicht sogar ihre Gewalt oder pure Kraft – ob von uns bewundert oder abgelehnt – hinterlassen Spuren in unserem System.

Jede Frau und Mutter hat selbst auch eine Mutter, die dazu beigetragen hat, dass ihre »Festplatte« beschrieben wurde. Genau wie jeder Mann und Vater von seiner Mutter geboren und geprägt wurde. Daraus ergeben sich die vielen interessanten Dynamiken in Partnerschaften, die wiederum eine Rolle in der Verbindung »Mutter – Kind« spielen.

Wir können nicht viel tun, außer an unserem bewussten Umgang mit uns und anderen zu arbeiten und: wach zu sein.

Der Blick zurück in die Kindheit und das Annehmen der Geschichte, die wir dort erfahren und geschrieben haben, sind genauso Teil der Heilung wie das Danken und Verzeihen, um längst vergessen geglaubte Teile als »neue-alte« in unser System zu integrieren.

Die Reise ins Ich:
Sich selbst verstehen lernen

Sich durch Bücher, Audiotexte und verschiedene Quellen aus dem Internet inspirieren zu lassen und zu lernen, ist klasse. Mit seinem Geist zu arbeiten und ein Verständnis für sich, seine Mitmenschen und die Welt zu bekommen, ist in meinen Augen eine sinnvolle Beschäftigung, da wir uns doch sonst häufig selbst im Weg stehen. Es ist gut, zu erforschen, was den gefühlten Problemen als Ursache zugrunde liegt.

Dabei hilft es, im Auge zu behalten: Wir sitzen alle in einem Boot – wir alle streben nach Glück, Zufriedenheit, Gesundheit, Geld, Harmonie, einer tollen Partnerschaft und vielem mehr. Jeder von uns hat seine persönlichen Bedürfnisse, wenn auch sicher unterschiedlich elementare: Mancher wäre froh über eine neue Winterjacke – und ein anderer kann sich nicht entscheiden, ob er den Porsche oder lieber den Ferrari kaufen soll. Einer möchte die Karriereleiter weiter hochkrabbeln, ein anderer wäre glücklich, überhaupt wieder zur Arbeit gehen zu können. Einer wünscht sich mehr Zeit zum Meditieren, ein anderer sucht noch nach seinem Gott. Einer wird gerade geboren – und ein anderer möchte nur in Frieden sterben …

Wir sind ständig damit beschäftigt, uns zu vervollständigen. Jeder eben auf seine Weise. Dieses Streben nimmt sich in jedem von uns Raum als ein Gefühl von »Mir fehlt etwas« oder »Ich muss etwas komplettieren«. Ein solches Gefühl tragen wir alle in uns. Es meldet sich mal lauter und mal leiser. Auf dem Weg der Erkenntnis helfen uns die vielen kleinen und großen Wehwehchen, Baustellen und Projekte, um uns zu reiben, zu spüren und bestenfalls zu entwickeln. Doch uns selbst genau unter die Lupe zu nehmen, die eigenen Krankheiten, Themen und Eigenarten richtig zu deuten, möglicherweise die passende Veränderung einzuleiten, das ist für jeden ein großes Stück Arbeit. Oft ist es so, dass man Freunde gut beraten und unterstützen kann, aber nur sehr mühsam an seinen eigenen Kern kommt. Dann fragt man sich, warum bestimmte Schwierigkeiten im eigenen Leben immer wieder auftreten, und wünscht sich Erkenntnisse zur Heilung.

Ich persönlich kann Ihnen nur raten, sich auch fachliche Hilfe zu holen, sich auf Gruppenarbeit einzulassen und den Schritt zu wagen, den Weg der Erkenntnis nicht allein zu gehen.

Es gibt viele verschiedene Möglichkeiten, sich professionelle Unterstützung zu holen oder sich Gruppen von Gleichgesinnten anzuschließen. Wenn Sie beispielsweise auf der transpersonalen Ebene suchen, gibt es tolle Meditationskreise oder Gruppen, in denen auch ein interpersonaler Austausch stattfindet. Für mutige und sehr interessierte Menschen bietet eine Aus- oder Fortbildung in den Bereichen, die sich mit der Körper- und Geistesebene befassen, sicher tiefe Erfahrungen. Eine Psychotherapie nutzt aus meiner Sicht vielen – vorausgesetzt, Sie finden einen selbstständig denkenden, bewanderten und feinfühligen Therapeuten.

Im Folgenden habe ich Ihnen ein paar wichtige Informationen zusammengestellt, die helfen sollen, meine Thesen und auch die therapeutischen Grundlagen besser nachzuvollziehen. Ich selbst habe vieles über verschiedene psychotherapeutische Thesen und Ansätze gelesen, in meinen Ausbildungen erfahren und auch in kreativen Experimenten ausprobiert. Ich bin dabei an meine Grenzen gestoßen und manchmal über sie hinausgewachsen. Das Ergebnis war, ist und bleibt die persönliche Entwicklung.

Lassen Sie sich einladen – auf eine Reise zu sich selbst.

So funktioniert die Psyche: »intra-«, »inter-« und »trans-«personal

Ich möchte Ihnen noch kurz skizzieren, welche grundlegenden Sichtweisen in Therapien eine Rolle spielen. Im Anhang (siehe Seite 251) finden Sie dann Kontakte von Therapeuten, Institutionen und Gruppen, die ich Ihnen empfehlen kann. Immerhin existieren weltweit etwa 400 verschiedene Therapierichtungen, die man, wenn man einmal das Grundprinzip unseres psychischen Apparats verstanden hat, leicht zuordnen kann.

Beginnen wir damit, uns zu fragen, wie wir eigentlich wahrnehmen: Warum fühlen wir uns an einigen Tagen ganz im Reinen mit uns, und an anderen Tagen scheint alles schiefzulaufen? Mal sind wir glücklich, mal sind wir träge und desinteressiert. Mal könnten wir die ganze Welt umarmen – und alles erscheint sonnig, obwohl es seit Tagen regnet.

Sogar im Laufe eines Tages haben wir Stimmungsschwankungen, die wir einfach nicht erklären können. Vor einigen Minuten war noch alles in Ordnung, und dann schwupp … braucht es nur einen geringen Anlass, und sofort kochen wir über. Hinterher fühlen wir uns dann vielleicht schuldig, und im besten Fall gelingt es uns, um Verzeihung zu bitten. Wir haben es nicht so gemeint. Aber was ist da passiert?

Die Antwort kann doch unmöglich immer bei unserer Mutter zu suchen sein? Nun, das stimmt natürlich. Auf der anderen Seite hat unsere Mutter bei unseren Verhaltensweisen tatsächlich immer ein klein wenig die Hand mit im Spiel.

Ein Blick auf verschiedene Therapieformen wird uns jetzt dabei helfen, uns besser zu verstehen. Keine Sorge, dies wird keine abstrakte philosophische Abhandlung über geisteswissenschaftliche Themen. Ich möchte Ihnen vielmehr zeigen, dass ein Grundverständnis von Psychodynamik Ihnen tatsächlich im Alltag helfen kann.

Um unser Verhalten zu verstehen, müssen wir zunächst verstehen, auf welchen Ebenen wir uns, andere Menschen und unsere Umwelt wahrnehmen. Abschließend werden wir sehen, wie unsere Mütter da hineinpassen.

Erste Ebene der Wahrnehmung: intrapersonal

Die erste Ebene, auf der wir wahrnehmen, ist die sogenannte *intrapersonale Ebene*. Das ist genau die Ebene, in der wir zum Beispiel empfinden, ob wir Erdbeeren mögen oder nicht. Diese Ebene ist zutiefst subjektiv, sie wird wenig bestimmt durch unsere Umwelt oder andere Menschen. Das Gefühl »So bin ich«, also unsere ganz individuelle Selbstwahrnehmung, gehört in diese Ebene. Alles, was Sie mögen oder auch nicht mögen, von Erdbeeren über Comics bis zu bestimmten Blumen, gehört in diese Ebene unseres Erlebens.

Das Tolle an dieser Ebene ist tatsächlich, dass sie so wenig von unserem äußeren Umfeld abhängig ist. Zwar wird sie bestimmt durch unser inneres Umfeld, dennoch können zwei Menschen, die sich dieser Ebene bewusst sind, nicht miteinander streiten. Falls sie es doch tun, unterliegen sie einer deutlichen Trübung ihres Gewahrseins. Wieso? Nun, ob Sie Erdbeeren mögen oder nicht, lieber Blues als Jazz hören, Rosen schöner finden als Tulpen … all das ist tatsächlich absolut subjektiv. Darüber kann man nicht streiten, weil jeder nur sein eigenes individuelles Empfinden erweitern kann – oder sich bewusst dafür entscheidet, es eben nicht zu tun. Sie mögen keine Erdbeeren? Fein. Das ist Ihr Erleben, es gehört zu Ihnen, zu niemandem sonst – und es ist völlig okay.

Was auch immer man von Sigmund Freud halten mag, er ist der Begründer des Begriffs »intrapersonale Wahrnehmung«. Freud stellte fest, dass unser Verhalten und unser Erleben der Welt vom Zustand unseres Unterbewusstseins abhängig ist, genauer: von unseren Trieben. Er beschrieb im Wesentlichen zwei Antriebe, die unser Verhalten steuern. Sexualität (Eros) und Aggression (Thanatos).

Lassen Sie uns besser von Antrieben sprechen, weil Freuds Versuch, die beiden Triebe physiologisch, sprich körperlich, zu begründen, fehlgeschlagen ist. Zwar sind sie gleichsam angeboren, das bedeutet, wir müssen sie nicht erst erlernen. Dennoch konnte man bis heute keine Drüsen finden, die eindeutig unser gesamtes Verhalten steuern. Aggression und Sexualität sind, auch wenn man die Fortpflanzungsorgane und unser Gehirn mit berücksichtigt, dennoch auch psychische Instanzen in uns, mit denen wir uns ein Leben lang auseinandersetzen müssen, ob wir wollen oder nicht.

Im Moment zweifelt jedenfalls kaum ein Therapeut, ganz gleich welcher Schule, daran, dass diese beiden Grundenergien zu jeder Tages- und Nachtzeit in uns aktiv sind. Kinder streiten bereits manchmal haarsträubend aggressiv miteinander im Kindergarten, und spätestens zu Beginn der Pubertät fliegen jedem Menschen buchstäblich seine Sexualhormone um die Ohren, die dieselben dann nicht selten rot verfärben.

Insbesondere in unseren Träumen haben wir Kontakt zu diesen Schichten unseres Seins. Wer hat noch nicht davon geträumt, verfolgt zu werden und auf der Flucht zu sein vor einer unbestimmten oder ganz konkreten Bedrohung? Auf der intrapersonalen Ebene wäre die Erklärung einfach: Sie fliehen vor Ihren eigenen Aggressionen. Sie sind Verfolgte und Verfolger zugleich. Gab es tagsüber Stress im Büro, hätten Sie Ihrem Chef am liebsten »so richtig die Meinung gesagt«, haben es aber nicht getan? Dann wäre dieser Traum ein Versuch Ihres Unterbewussten, die ungeklärte Stimmung schließlich doch noch loszuwerden.

Die intrapersonale Sicht beschreibt das Verhalten als umso ausgeglichener, je mehr eine Person diese beiden Triebe in sich integriert hat. Ein Mensch wird also umso freundlicher und mitfühlender agieren, so Freuds These, je einfacher er seine Aggression und seine Libido fließen lassen kann. Und: Wie gut können Sie das?

Betrachten wir unser Verhalten aus dieser Perspektive, dann ist ein guter Tag ein Tag, an dem wir einen guten Kontakt zu unseren Instinkten haben. Wer wollte bestreiten, dass wir uns in einem unbeschwerten Zustand, also beispielsweise im Urlaub, freier, lustvoller und unmittelbarer erfahren? Da fühlen wir uns ganz. Leider kommen wir im Alltag oft nicht dazu. Das bedeutet also letztendlich, dass unser Alltag von Triebunterdrückung geprägt ist. Es ist einfach eine Tatsache, dass wir dem Chef, unserem Partner oder den Freunden häufig nicht so antworten, wie wir eigentlich möchten. Je stärker die Zurückhaltung, desto größer der innere Druck, der sich dann manchmal plötzlich und unerwartet in Form von Wutausbrüchen entlädt – oder sich darin zeigt, dass wir uns Hals über Kopf verlieben und der Illusion nachhängen, dass mit diesem Partner »alles anders« wäre.

Fassen wir zusammen:

Die erste Schicht unserer Wahrnehmung ist die *intrapersonale* Ebene. Sie ist geprägt durch unsere angeborenen Antriebe Sexualität und Aggression, wobei die Welt aus der ICH-Perspektive wahrgenommen wird.

ICH

intrapersonal

Sie fragen sich jetzt möglicherweise, wo denn in diesem Modell die Mutter einen Platz findet. Wenn wir doch, wie die intrapersonale Sicht behauptet, einen lebenslangen Konflikt mit unseren natürlichen (An-)Trieben haben, die an sich vierundzwanzig Stunden am Tag wirksam sind, wie kann dann die Beziehung zu unserer Mutter darauf Einfluss genommen haben? Die Antwort ist denkbar einfach: Kinder lernen im Wesentlichen durch Identifikation. Das bedeutet, dass wir uns als Kinder am weiblichen Vorbild unserer Mutter und am männlichen Vorbild unseres Vaters orientiert haben. Als Kinder haben wir im Wesentlichen bei der Mutter gelernt, was es heißt, Frau zu sein (für Mädchen) oder wie Frauen sind (für Jungen).

Die Frage, die Sie sich stellen können, lautet: Wie ist Ihre Mutter mit ihren natürlichen Ressourcen Aggression und Sexualität umgegangen? Konnte sie gut »ja« und »nein« sagen? Konnte sie sich in den entscheidenden Augenblicken durchsetzen – und auch nachgeben, wenn ein Streit sinnlos gewesen wäre? Fragen Sie sich bitte vor allem: War oder ist Ihre Mutter sexy? Welches Verhältnis hat sie zu ihrem Körper und ihrer natürlichen weiblichen Ausstrahlung? Würden Sie sie als eine starke Frau bezeichnen? Und wenn ja: Wie sind Sie mit den Stärken und Schwächen Ihrer Mutter umgegangen?

Wollten Sie so werden wie Ihre Mutter? Oder wollten Sie alles ganz anders machen, und hatten Sie vor, niemals so zu werden wie dieser erste wichtigste Mensch in Ihrem Leben? Egal, wie sehr Sie Ansichten, Meinungen und Überzeugungen übernommen haben, sei es bewusst oder unbewusst: Ihre Mutter war und ist die prägende Figur Ihrer inneren Realität, oder eben der intrapersonalen Ebene. Noch einmal verkürzt: Wir sehen die Welt heute so (intrapersonal), wie wir sie am ersten Leitstern unseres Lebens – der Mutter – wahrgenommen haben.

Therapieformen, die sich mit dieser Sicht beschäftigen, sind im Wesentlichen die bekannte Psychoanalyse nach Sigmund Freud oder die analytische Therapie nach Carl Gustav Jung. Beiden Therapieformen ist gemeinsam, dass sie ein Interesse daran haben, primär – zum Teil auch unter Zuhilfenahme von Träumen – die Innenwelten der Menschen zu erforschen und ihnen dabei zu helfen, sich selbst und ihre frühkindlichen Prägungen zu verstehen. Der

Therapeut bleibt dabei im Hintergrund und ist hilfreicher Unterstützer bei der intrapersonalen Reise ins ICH.

Das war's also? Alle Konflikte und Schwierigkeiten sind also Triebkonflikte? Diese Erklärung allein konnte auf Dauer nicht reichen, und so entwickelten sich beginnend in den dreißiger Jahren neue Therapiekonzepte, die auf die intrapersonale Sicht Freuds und Jungs aufbauten. Diese Therapiekonzepte rückten nicht nur die Beziehung des Menschen zu sich selbst, sondern verstärkt die Beziehung des Individuums zu seiner Umwelt in den Mittelpunkt. Und das ist durchaus sinnvoll, denn seien wir ehrlich: Natürlich gibt es Zeiten, in denen wir mit uns selbst nicht klarkommen, aber am auffälligsten werden unsere Schwierigkeiten doch, wenn wir an unsere Beziehungen denken – an die Beziehungen zu unserem Partner, zu unseren Kindern, zum Chef, zu Freunden, kurz: zu unserer Umwelt.

Willkommen auf der interpersonalen Ebene

Spätestens ab dem achten Lebensmonat sind Gehirn und Wahrnehmungsfähigkeit des kleinen Menschen so weit ausgereift, dass er erkennen kann, dass er nicht allein auf dieser Welt ist. Diese Einsicht ist für ein Baby in dieser Zeit überwältigend und enttäuschend zugleich. Plötzlich ist es nicht mehr das Zentrum des Universums, um das sich die Planeten drehen, sondern es muss sich die Welt mit anderen Sonnen teilen. Kinder beginnen in dieser Zeit zu fremdeln, um sich an diesen Gedanken zu gewöhnen. Lassen Sie mich mit einem Schmunzeln darauf hinweisen, dass das nicht nur ein Problem für Kleinkinder zu sein scheint: Auch bei deutlich älteren Menschen in meinem Bekannten- und Freundeskreis habe ich manchmal den Eindruck, dass diese einfache Erkenntnis, eben nicht die einzige Sonne des Universums zu sein, um die sich die Welt zu drehen hat, noch nicht ganz integriert worden ist. Und ja, natürlich kenne ich das auch von mir selbst, dass ich einfach nicht verstehen kann, dass die anderen Menschen mich nicht wortlos verstehen.

Eine der bekanntesten Therapiemethoden, die sich mit der Beziehung des Individuums zu seiner Umwelt und damit mit der *interpersonalen* Wahrnehmung der Wirklichkeit beschäftigt, ist die Gestalttherapie nach Fritz Pearls.

In der Gestalttherapie in ihrer reinen Form beschäftigt man sich nicht mit dem langwierigen Analysieren der Kindheitsgeschichte. Der Therapeut ist vor allem an der Beziehung zu seinem Klienten im Hier und Jetzt interessiert. Im Gegensatz zu den analytischen Therapien, in denen der Therapeut sich in Zurückhaltung übt, steht damit in der Gestalttherapie die Beziehung zwischen Klient und Therapeut im Vordergrund. Es wird die Frage gestellt, wie der Klient, also Sie und ich, es immer wieder schaffen, den Kontakt zur Welt und damit zum DU zu unterbrechen. Therapeut und Klient bilden dabei in ihrer gemeinsamen Arbeit eine Art Mikrokosmos, der dem Klienten ein Experimentierfeld bietet, um sich in einem sicheren Rahmen neu auszuprobieren und im Idealfall neue Kontaktmöglichkeiten zu erfahren. Die neu gewonnene Lebendigkeit in seiner Art, mit der Welt und damit mit Menschen in Beziehung zu treten, kann er dann gleich im Anschluss im alltäglichen Leben überprüfen und hilfreich anwenden. Direktes, unmittelbares Umsetzen, Mut, Bewusstheit und Kontakt sind die Eckpfeiler dieser Methode.

Schauen wir nun auch auf die Frage, wie uns die Beziehung zu unserer Mutter interpersonal geprägt hat. Wie ich auf den vorhergehenden Seiten bereits beschrieben habe, wird unser Kontakt zur Welt und damit zu anderen Menschen zutiefst von dem ersten und wichtigsten Beziehungspartner unseres Lebens geprägt. Die gesamte interpersonale Sicht, wie sie sich auch in den Charaktertypologien darstellt (siehe ab Seite 83), beschreibt die Beziehung, die wir zu unseren Müttern aufgebaut haben. Rückzug und Kontakt als Rhythmus unseres Lebens sind zutiefst geprägt von unserer ersten Anbindung an die Welt. Die erste Welt aber, die wir erfahren haben, war unsere Mutter. Das erste Universum, aus dem wir entstanden sind, ist unsere Mutter. Wollen wir uns selbst oder unsere Beziehungen verstehen (Warum klappt's nicht mit dem Nachbarn?), brauchen wir nur auf unsere frühen Jahre zurückzuschauen. Unsere jetzigen Beziehungen sind aus der interpersonalen Sicht nur Spiegelungen einer »Wahrheit«, die wir im Kontakt zu unseren Müttern selbst erfunden haben.

Wenn Sie also Lust auf mutige Selbsterforschung und Veränderungen in Ihrem Leben haben, sich selbst und andere leicht und besser verstehen möchten, selbst aktiv werden wollen, dann ist eine Gestalttherapie vielleicht ein interessanter Weg für Sie (einige Adressen finden Sie ab Seite 251).

Fassen wir zusammen:

Die zweite Schicht unserer Wahrnehmung ist die *interpersonale* Ebene. Sie ist geprägt durch unsere erlebten Kontakte zur Welt, im Wesentlichen zur Mutter in den ersten vier Lebensjahren, wobei die Welt um die DU-Perspektive erweitert wahrgenommen wird.

ICH   DU
intrapersonal   interpersonal

Folgen wir diesen beiden Sichtweisen, dann ist unser Leben psychisch geprägt vom Ringen mit unseren Trieben Aggression und Sexualität (intrapersonal) und den Beziehungserfahrungen, die wir im Wesentlichen zu unseren Müttern in früher Kinderzeit entwickelt haben (interpersonal).

Wenn das unser gesamtes Wahrnehmungsspektrum wäre, warum nehmen wir dann Menschen kulturell unterschiedlich wahr, wieso wirkt schon ein Bayer anders auf uns als ein Friese? Es scheint also noch eine Wahrnehmungsebene zu geben, der wir auf unserer Reise ins ICH begegnen.

Wir haben nun festgestellt, dass wir trotz aller kultureller Leistungen manchmal immer noch mit unseren (An-)Trieben ringen. Und selbst, wenn wir Aggression und Libido so einigermaßen unter Kontrolle haben (bis zum nächsten Streit oder bis zum nächsten Hals-über-Kopf-verliebt-Sein), sehen wir die Welt immer noch so, wie wir sie damals bei unserer Mutter erfahren haben. Doch darüber hinaus bleibt da auch immer noch die Familie in ihrer Gesamtheit, die unseren frühen Beziehungskosmos abrundet.

Mit systemischem Blick

Natürlich erleben wir die Welt – und damit uns selbst und andere Menschen – auch durch eine »soziale Sonnenbrille«. Wer wollte bestreiten, dass es einen Unterschied macht, ob wir in einer Großfamilie, die mehrere Generationen umfasste, auf dem Lande aufgewachsen sind oder in einer Patchworkfamilie im sozialen

Brennpunkt einer Großstadt. Unschwer vorstellbar, dass hieraus verschiedene Wertvorstellungen und Lebensprioritäten erwachsen können. Die Prägung durch die familiären und gesellschaftlichen Systeme, in denen wir aufgewachsen sind und die durch uns persönlich nur wenig beeinflussbar waren, bestimmt die *systemische* Sicht auf unser Leben.

Systemische Prägungen wirken also indirekt. Im Allgemeinen stehen wir unbewusst unter dem Einfluss der Generationen, die vor uns bereits Entscheidungen getroffen, Lebenswege beschritten und damit auch unsere psychologischen Rahmenbedingen geschaffen haben.

Die Therapieform dieser Ebene ist die systemische Therapie. Einer der bekanntesten Entwickler dieser Methode ist Bert Hellinger, der mit seinen Familienaufstellungen die therapeutische Welt um wesentliche Lösungsmöglichkeiten erweitert hat.

Im Gegensatz zur intrapersonalen und interpersonalen Ebene arbeitet die systemische Therapie nicht nur mit den Einflüssen unserer biologischen Mutter auf unser tägliches Leben, sondern auch mit dem Einfluss der Mütter unserer Mütter und deren Lebensumständen. Natürlich bestimmen auch ganz viele andere Biographien, Beziehungen und Ereignisse innerhalb unseres Familiensystems subtil unserer Lebenswirklichkeit. So beispielsweise die Lebensläufe unserer Väter und die ihrer Väter, die ungeborenen Kinder, Todesfälle, Kriegs- und Vertreibungserfahrungen, Ereignisse, die möglicherweise lange vor unserer Geburt stattfanden, um nur einige Einflussfaktoren in der Sichtweise der systemischen Therapie zu nennen.

In diesem Buch konzentriere ich mich primär auf den Einfluss unserer Mütter. Die von mir beschriebenen systemischen Gesetze gehen auf Hellinger genauso zurück wie auf seine manchmal erstaunlich wirksamen Lösungssätze und Lösungsgeschichten.

Fassen wir zusammen:

Die dritte Schicht unserer Wahrnehmung ist die *systemische* Ebene. Sie ist geprägt durch die Lebensgeschichten unserer Vorfahren, wobei die Welt um die WIR-Perspektive erweitert wahrgenommen wird.

ICH	**DU**	**WIR**
intrapersonal	interpersonal	systemisch

Alle drei Wahrnehmungen sind ständig in uns aktiv, und wir nehmen uns selbst und die Welt immer gleichzeitig in allen drei Ebenen wahr. Mir persönlich hat das Verständnis dieser drei Wahrnehmungsebenen sehr geholfen, mich selbst und andere Menschen leichter zu verstehen. Wenn ich mich heute unwohl fühle, überprüfe ich einfach, ob ich gerade mit mir hadere, sprich: ob es Situationen gab oder gibt, in denen ich klarer auftreten könnte oder auch klarer »ja« und »nein« hätte sagen müssen (intrapersonal).

Vielleicht gab es aber auch Begegnungen, bei denen ich mein Gegenüber missverstanden habe und ihn oder sie als Mutterprojektion fehlinterpretiert habe. Vielleicht war es ein Wort, ein Blick, eine Geste, die mich an früher, sprich meine ersten sieben Lebensjahre, erinnerten, vielleicht aber auch nur der Klang oder der Tonfall, der alte Impressionen und die damit gespeicherten Emotionen in mir aufgerufen hat (interpersonal).

Gerade die interpersonale Ebene wird im Wesentlichen durch

die Körpersprache bestimmt. Das gesprochene Wort bzw. die rein inhaltliche Information macht, jetzt halten Sie sich fest, nur etwa sieben Prozent unserer täglichen Kommunikation aus. Die restlichen dreiundneunzig Prozent sind reine Körperinformationen. Tatsächlich macht unsere Mimik, Gestik und Körperform etwa fünfzig Prozent unseres Informationsaustausches mit unseren Mitmenschen aus, die restlichen etwa vierzig Prozent sind die sogenannten vokalen Informationen, also der Stimmklang und die Intonation des Gesprochenen. Kein Wunder also, dass wir uns auf den zwischenmenschlichen Ebenen so oft missverstehen. »Aber ich habe dir doch wortwörtlich gesagt…« zählt eben nur zu sieben Prozent, der Rest ist die Sprache unseres Körpers. Eines ist dabei gewiss: Der Körper lügt nicht.

Über die eigene Grenze hinaus: transpersonal

Lassen Sie mich Ihnen zum Abschluss dieses Kapitels noch kurz eine Ebene vorstellen, die mir sehr am Herzen liegt und die nach meiner Einschätzung sehr oft missverstanden wird.

Sie können mich jetzt berechtigterweise fragen, wo denn nun Meditation, Yoga und Ähnliches in unserem Modell ihren Platz finden. Können Meditationen und buddhistische Schulungen uns helfen, mit all den auch psychologischen Herausforderungen des Alltags umzugehen? Ersetzt Meditation möglicherweise die Beschäftigung mit unseren Antrieben, Kontaktunterbrechungen und Familienprägungen? Die Antwort auf diese Frage ist einfach und schwierig zugleich.

Die Beschäftigung mit unserem Geist, jenseits unserer Psyche, betrifft die sogenannte *transpersonale* Ebene. Jene Ebene also, die über-persönlich ist und auch von Familiengeschichten nicht tangiert wird. Sehr komprimiert formuliert, beschäftigt sich Meditation nicht mit Psyche, sondern mit dem, was danach kommt. Carl Gustav Jung hat diesen Bereich jenseits unseres Egos das SELBST genannt. Das SELBST ist erfahrbar, aber mit Worten kaum zu beschreiben. Sie kennen sicher diese Situationen, wenn Sie am Meer stehen und plötzlich still werden. Die zeitlosen Glücksmomente, wenn Sie in die Augen eines lachenden Kindes schauen oder an einem Lagerfeuer sitzend plötzlich wortlos wahrnehmen, dass Sie mit sich selbst im Reinen sind. Diese stille Freude, jenseits von Zeit und Raum, ohne Festhalten oder Ablehnung, die Sie in diesen Momenten erleben, ist der Kontakt zu Ihrem Wesenskern.

Plötzlich wird die Welt weiter, und es entsteht ein natürliches Mitgefühl, das sich wünscht, dass es möglichst vielen Wesen gut gehen möge.

Meditation ist gewissermaßen ein tägliches Training, diese besonderen Momente nicht dem Zufall zu überlassen, sondern sie als ständigen Bestandteil unserer Wahrnehmung zu integrieren. Dabei können die vorher beschriebenen Ebenen – die intrapersonale, interpersonale und systemische Ebene – deutlich stören. Wenn wir uns täglich mit unseren Nachbarn am Maschendrahtzaun streiten, mit unserem Partner oder den Kollegen im Clinch liegen, dann bleibt eben kaum Zeit und Muße für reflektierte Meditation.

Die Meditation erleichtert sicher den Umgang mit unseren inneren Dämonen, ist aber nicht primär dafür gemacht, um sie zu bearbeiten. Meditation schafft Abstand zu den täglichen Problemen, löst sie aber nicht. Etwas salopp formuliert führen Therapien nicht zur Erleuchtung – und Meditation löst keine Neurosen. Bevor ich

Ihnen von meinen Erfahrungen berichte und dem, was mir auf meinem Weg wirklich weitergeholfen hat, lassen Sie mich die letzte Ebene noch in unser Modell integrieren.

Fassen wir zusammen:
Die vierte Schicht unserer Wahrnehmung ist die *transpersonale* Ebene. Sie ist geprägt durch unsere Erfahrung des Seins und dessen, was in der Stille geschieht, wobei die Welt um die ALLE-Perspektive erweitert wahrgenommen wird.

ICH	DU	WIR	ALLE
intrapersonal	interpersonal	systemisch	transpersonal

Therapie – muss das sein?
Und wenn ja: Welche?

Was können Sie nun tun, um Ihr Leben noch freier und selbstbestimmter leben zu können? Ist es wirklich notwendig, jedes kleine Problem mit einem Therapeuten zu besprechen? Gehören zwischenmenschliche Probleme nicht zu unserer ganz natürlichen menschlichen Existenz? Sind wir nicht alle geschult und gebildet genug, um unser Leben zu meistern?

Wann also ist es notwendig, sich von einer Fachfrau oder einem Fachmann der oben beschriebenen Ebenen helfen zu lassen?

Mir persönlich hilft in den Momenten des Zweifelns eine entscheidende Frage: »Wie stark leide ich?«

Dabei stelle ich mir innerlich eine Art Skala vor, die bei null beginnt – und bei einhundert endet. Alles über fünfzig ist – zumindest für mich – »echtes« Leid, das wahrscheinlich nicht ganz von allein wieder verschwinden wird. Wann immer Sie also ein Leid-Gefühl jenseits der fünfzig auf dieser Skala empfinden, das über Wochen, vielleicht Monate oder gar Jahre permanent spürbar ist, ist es sinnvoll, sich an einen Therapeuten zu wenden.

Natürlich ist Leid individuell. Für manche bedeutet Leid, dass sie von ihrem Partner nicht verstanden werden. Andere empfinden erst Schicksalsschläge wie den Verlust eines geliebten Menschen als wahres Leid. Ich bin der Meinung: Wann immer Sie das Gefühl haben, dass Ihr Leben dem immer gleichen Muster folgt – sei es am Arbeitsplatz, in der Partnerschaft oder in anderen Lebensbereichen – und keine Lösung in Sicht ist, egal, was Sie auch versuchen, dann ist es sinnvoll, sich vertrauensvoll an jemanden zu wenden, der eben Fachmann auf dem Gebiet der Psychologie ist.

Auch wenn das Beispiel ein wenig hinkt: Sie würden Ihr Auto doch auch ganz selbstverständlich in eine gute Fachwerkstatt geben, wenn es darum geht, die Bremsen zu wechseln. Zumindest hoffe ich das. Es wäre fatal, ohne ausreichende Fachkenntnisse selbst die Bremsen wechseln zu wollen. Genauso käme niemand auf den Gedanken, sich selbst den Blinddarm herausoperieren zu wollen. Das leuchtet jedem ein. Das gleiche Prinzip gilt für Therapien: Es ist bestenfalls unsinnig, schlimmstenfalls gefährlich, mit einem, wie ich es nenne, gepflegten Halbwissen an sich selbst oder der Psyche anderer Menschen herumdoktern zu wollen.

Seien Sie mutig. Vertrauen Sie sich und Ihr Wohlergehen einem Fachmann oder einer Fachfrau an. Wir sind im Leben immer wieder auf die Hilfe anderer Menschen angewiesen. Häufig führt falsche Scham dazu, dass Hilfe zu spät gesucht und angenommen wird. Auch ich habe lange Zeit meines Lebens geglaubt, ich würde alles schon irgendwie allein schaffen.

Natürlich ist dieses Muster bei mir in frühen Jahren in Bezug zu meiner Mutter entstanden. Und selbstverständlich hat es in meinem Leben Spuren hinterlassen. Ich weiß, wie sehr diese Überzeugung mir immer wieder im Weg stand, wie schwer es mir gefallen ist, einfach nur »Bitte« zu sagen. Ich zumindest habe für mein Leben entschieden, diese psychischen Verhärtungen nicht an meine Kinder weiterzugeben. Meine Kinder werden schließlich selbst entscheiden, was sie von mir als ihrer Mutter übernehmen und was nicht. Dennoch empfinde ich es als in meiner Verantwortung liegend, ihnen das bestmögliche Beispiel an Achtsamkeit und Vertrauen sein zu wollen. Natürlich scheitere ich damit jeden Tag. Mut bedeutet für mich, es dennoch jeden Tag aufs Neue zu versuchen. Dass das nicht einfach ist, wird jeder von Ihnen wahrscheinlich leicht nachvollziehen können. Es jeden Tag immer wieder aufs Neue zu versuchen, nicht aufzugeben und zu vertrauen, ist wahrscheinlich eines der wesentlichsten Ergebnisse meiner eigenen Therapie.

Tatsächlich handelt die Psyche nach klar strukturierten Gesetzen. Haben wir die Gesetzmäßigkeiten einmal durchschaut, verstehen wir uns selbst und unsere Umwelt sehr viel besser. Nicht zuletzt gelingt es uns dadurch viel häufiger, über uns selbst zu lächeln. Vielleicht ist es das, was einst das Ziel einer guten Therapie gewesen ist: die Fähigkeit wieder zu erlangen, über uns selbst zu lächeln, unser Verhalten und unsere ganzen Verrücktheiten nicht zu ernst zu nehmen und sie schließlich als individuelle Kraftquellen nutzen zu können.

Idealerweise verfügt der Therapeut, den Sie sich aussuchen, über die Fähigkeit, sich auf allen drei Ebenen zu bewegen – also der *intrapersonalen,* der *interpersonalen* und der *transpersonalen* Ebene. Er oder sie ist dann in der Lage, je nach Bedarf die Ebenen zu wechseln, um Sie als Klienten mal in Bezug auf Ihre Instinkte, mal dialogisch und auch über-persönlich sicher abzuholen.

Damit Sie beim Lesen dieses Buches, aber vor allem beim Erkennen und Lösen eigener Verstrickungen ein immer anwendbares »Handwerkszeug« bei sich haben, möchte ich Ihnen das **DAVI-Prinzip** vorstellen.

DAVI: Danken, Annehmen, Verzeihen und Integrieren

Mein Ausbilder Bernhard Voss hat das Prinzip so erarbeitet, wie ich es Ihnen nun ans Herz lege. Hierbei geht es um ein allzeit anwendbares Werkzeug, das Sie meiner Meinung nach brauchen, um wirkliche Heilung ins System zu bekommen. DAVI, das bedeutet: D-anken, A-nnehmen, V-erzeihen und I-ntegrieren. Wie die Worte bereits zum Ausdruck bringen, geht es beim DAVI darum, über Danken, Annehmen und Verzeihen zur Integration zu gelangen. Sich selbst kennenlernen, dabei seine eigenen Muster sehen, Verstrickungen auflösen und eigene Veränderungen dauerhaft integrieren, funktioniert nur, wenn das DAVI-Prinzip gelebt wird.

Danken zu können, annehmen zu können, verzeihen zu können, um Potenziale ins System aufzunehmen – das ist die Lösung. Etwas anzunehmen, das bedeutet, Herkunftsgeschichten, Menschen,

Ihre persönliche Geschichte, die Ihnen Sorgen und Schwierigkeiten bereitet, pur zu betrachten, und auch das Gute zu sehen, sich auszusöhnen.

Ein Beispiel für Sie: Zu erkennen, dass ein alkoholkranker Vater trotzdem als Vater seinem Kind das Leben geschenkt hat, und dass das Kind eines Alkoholikers damit auch die Chance bekommen hat, seinen Weg zu gehen, heißt den Vater auch anzunehmen, zu danken, vielleicht sich selbst die Ablehnung dem Vater gegenüber zu verzeihen und das neue Gefühl, das Bejahende zu integrieren.

Verstehen Sie diese Zeilen bitte nicht falsch, Sie müssen nicht einem Vater, der Sie vielleicht jahrelang schwer misshandelt hat, nun regelmäßige Sonntagsbesuche abstatten und ihn pflegen (wenn Sie es aus Mitgefühl und persönlicher Fülle heraus können und wollen, spricht natürlich auch nichts dagegen). Beim Arbeiten mit dem DAVI-Prinzip jedoch geht es um Ihren inneren Frieden und die Erkenntnis, dass dieser Mann Ihr Vater ist und Ihnen das Leben geschenkt hat. Solange Sie ihn ablehnen, lehnen Sie auch einen Teil von sich selbst ab. Genauso ist es, wenn Sie im Unfrieden mit Ihrer Mutter sind: Wenn Sie Ihre Mutter ablehnen, lehnen Sie damit auch immer einen Teil von sich selbst ab. Seien Sie sich dessen bewusst. Nutzen Sie das DAVI-Prinzip, um zu mehr Selbsterkenntnis zu gelangen: danken, annehmen, verzeihen und integrieren.

Vielleicht als Hilfe für Sie: Wenn Sie beginnen, an Ihrer Verbindung zu Mutter und Vater zu arbeiten, geht es letztlich immer um Ihre inneren Eltern – und um Ihr inneres Kind, das geheilt wird. Sie müssen nicht versuchen, krampfhaft einen Versöhnungsakt herbeizuführen. Arbeiten Sie auf der inneren Ebene mit dem Thema, bis Sie damit ruhiger werden. Das Außen verändert sich oft wie durch ein Wunder von ganz allein, sobald Sie mit sich und den inneren Anteilen Frieden schließen. Dann fällt es Ihnen leichter, voller Mitgefühl und Liebe in die Welt zu gehen. Sie werden erkennen und verstehen, was Ihre Mitmenschen bewegt, was hinter den Fassaden steckt, aber Sie müssen sich dann nicht in Verstrickungen begeben und können bei sich selbst bleiben. Es ist gut, sich zwischendurch immer wieder auf sich selbst und seine Kräfte zu fokussieren – sich immer wieder auch zurückzuziehen, um die eigene Energie zu bündeln und dann aus der Ruhe heraus zu agieren.

Natürlich dauert Selbstwerdung ein ganzes Leben. Wir schälen unsere Themen wie Zwiebeln, Schicht für Schicht, scheinbar endlos. Seien Sie nicht ungeduldig mit sich. Erwarten Sie nicht zu viel, erfreuen Sie sich an den gelungenen Schritten, den Aha-Erlebnissen, die ein freieres Gefühl auslösen. Nach jedem Tief kommt ein Hoch. Nach jedem Hoch ein Tief. DAVI wird uns immer wieder unterstützen, und wir werden über echte Integration immer mehr zu uns selbst.

Und es wird einfacher: Wir erkennen schneller, wir können besser integrieren.

Selbstreflexion und Entwicklung sind kein Spaziergang. Wenn Sie dabei auf Ihrem Weg also einmal in die Sackgasse geraten oder generell das Gefühl haben, eine dauerhafte Unterstützung in Form eines professionellen Coachs oder Therapeuten zu benötigen, finden Sie im Anhang einige Kontakte (siehe ab Seite 251). Dort können Sie vielleicht in kleinen Seminaren Bekanntschaft zum Beispiel mit der »Anatomie des Ego« machen und so schnell und einfach verstehen, wie Ihre Psyche funktioniert. Sie erfahren, was Ihr Körper so alles erzählt, während Sie »Guten Tag« sagen, wie Sie am

besten mit Menschen mit den verschiedensten Charakteren umgehen, wie Sie Ihre Träume verstehen und nutzen können – und
vieles mehr.

Falls Sie dann, so wie ich, noch einen Schritt weiter gehen möchten, bieten einige Institute inspirierende und fundierte Jahrestrainings an. Dort können Sie sich zum Gestaltcoach, zur systemischen
Therapeutin oder auch zur Körpertherapeutin ausbilden lassen.
Selbsterkenntnisse sind dabei im Überfluss enthalten und Humor
unvermeidbar. Abschließend kann ich Sie nur ermutigen, selbstständig und hoffentlich freudig den Weg der Selbsterfahrung und
die spannende Reise ins Ich zu wagen.

Es war einmal ...
Rückschau auf die Mutter und rein ins Familiensystem

»Du bist wie deine Mutter!« Wie oft wir das schon gehört haben. Es ist nicht unbedingt immer eine Freude, diesen Vergleich serviert zu bekommen. »Klar«, sagen dann manche, »die Gene sind nicht zu manipulieren, und so zu sein habe ich doch ein halbes Leben lang gelernt.« Andere wollen davon lieber nichts hören: »Ich mach es doch extra anders.« Und wieder andere Menschen sind leider ohne ihre leibliche Mutter aufgewachsen und werden diesen Satz nie hören.

Wir können nun verschiedenen Sichtweisen folgen und uns auf die Spuren zu uns selbst, eben über den Weg unserer Mutter, begeben. Eines ist sicher: Wir sind geboren worden – und das von unserer Mutter.

Wie viel »sie« bin ich?

Geht die Geschichte den »üblichen« Weg, sind wir bei unserer Mutter und im besten Fall auch bei unserem Vater aufgewachsen. Dass uns Aktionen, Äußerungen und bestimmte Verhaltensweisen unserer Mutter – ob in der Interaktion mit uns selbst oder mit dem Vater – über viele Jahre beeinflusst haben, können wir sicher bejahen.

Dass eine abwesende Mutter ebenfalls eine Auswirkung auf unsere Persönlichkeit hat, ist ebenso nachvollziehbar. Die stete Suche nach ihr, bewusst oder unbewusst, vielleicht sogar Wut und Ablehnung über ihre Abwesenheit, haben in diesem Fall sicher Spuren in unserer Psyche hinterlassen.

Wir können es also noch so drehen und wenden: Unsere Mutter hat uns genährt, ausgetragen und geboren. Durch diese einmalige Verbindung mit ihr sind wir tatsächlich ein Teil von ihr. Den Vater möchte ich dabei nicht negieren, auch ohne ihn wären wir nicht am Leben. Aber die Verbindung zur Mutter und deren Präsenz kann er in dieser Intensität nicht toppen. Häufig sind es die Mütter, die die meiste Zeit mit den Kindern verbringen. Sie pflegen sie, fördern sie und stehen ihnen zur Seite. Mutterschaft und Erziehung – eine große Verantwortung. Und genau deshalb ist es meiner Meinung nach umso wichtiger, die Macht zu verstehen, die direkt oder indirekt von einer Mutter ausgeht. Eine Macht, die auch wir als Mütter haben – und mit der wir viel Gutes für unsere Kinder tun können.

Doch bevor ich weiter darauf eingehe, noch einmal kurz zum Vater zurück: Selbst wenn ein Kind also beim Vater aufgewachsen ist und er damit den Platz der Mutter ein Stück weit eingenommen hat, ist der tiefe innere Wunsch eines Kindes nach einer liebenden Verbindung zur Mutter nicht zu leugnen. Die intensive Verbindung von Mutter und Kind allein durch die prägende Zeit der Schwangerschaft, Geburt und Säuglingszeit (Stillzeit) lässt den Vater einfach am Anfang des Lebens etwas im Schatten stehen. Allerdings bedeutet das für ihn auch ein wenig »Glück«, weil die wohl wichtigste Person im Leben eines Menschen somit einen größeren Teil an Prägung ausmacht, die eben nicht immer nur Positives beinhal-

tet. Mütter sind Menschen und keine perfektionierten Kinderge-
bär-, Erziehungs- und Liebesmaschinen. Kurz, der Vater hat damit
die knappere Spanne, in der er aus Sicht der Psychodynamik auch
Schaden anrichten kann. Mehr über die Intensität seiner Spuren
und über seinen Platz als Erzieher und wichtige Person im Leben
eines Kindes lesen Sie an anderer Stelle noch (siehe ab Seite 103).

Jetzt also zurück zu uns. Zurück zu unserer Mutter. Anhand von
Fallbeispielen und Berichten über meine eigenen Erfahrungen werde ich Ihnen Vergleichsmöglichkeiten schaffen. Ich schreibe hier ja
nicht als Allwissende ein Buch, sondern man kann sagen: Ich komme selbst von der Front. Ich bin genauso auf dem Weg wie schließlich alle Menschen. Doch die Methoden und Hypothesen, die mich
weitergebracht haben, nutzen vielleicht auch Ihnen. Ich möchte Ihnen bildhafte Vergleichsmöglichkeiten bieten, denn ich glaube, so
fällt es einem leichter, zu einer Selbsterkenntnis zu gelangen. Mir
hilft dabei jedenfalls auch heute noch der Austausch mit anderen,
die vielleicht ähnliche Familien- und Lebensproblematiken zeigen,
ob in Supervisionen mit Kollegen oder im Gespräch mit Freunden.
Außerdem wird dadurch dieses gute Gefühl von »Damit bin ich
nicht allein – anderen geht es auch so« erzeugt. Wir lernen durch
das Zuhören, Zusehen und Mitfühlen.

Ursachen erspüren: Das Familienstellen und die systemische Prozessbegleitung

Ich möchte Ihnen nun die systemische Arbeit, begründet vom Urvater des Familienstellens, Bert Hellinger, vorstellen. Ich selbst habe eine systemische Ausbildung genossen, die bedingt durch den eigenen Stil der Ausbilder nicht im direkten Zusammenhang mit Hellinger steht. Aber Grundprinzipien und Regelwerke der systemischen Arbeit möchte ich Ihnen in diesem Buch transportieren, um sie verflochten mit der Erkenntnis um die Charaktertypologie, zu Ihrem weiteren Handwerkszeug auf dem Pfad zu sich selbst zu machen.

Die Grundlagen des Familienstellens

Beginnen wir mit dem Thema der systemischen Prozessbegleitung (Familienstellen). Über mein eigenes Beispiel möchte ich Ihnen den Ablauf des Familienstellens ein Stück näherbringen.

Häufig kommen Menschen zu solchen Treffen, die schon eine Menge versucht haben, um sich besser zu fühlen. Manche sind »ausweglos« erkrankt, andere begleitet über Jahre so ein komisches Gefühl, von dem sie nicht wissen, woher es kommt. Wieder andere möchten an ihrer schlechten beruflichen Situation feilen, der Partnerschaft, Problemen mit den Kindern und, und, und … Da der Weg der systemischen Arbeit gemeinhin wohl immer noch nicht als konventionell bezeichnet wird und die Arbeit in der Gruppe mit meist fremden Menschen eine Hürde bedeutet, ist es mir ein wichtiges Anliegen, Ihnen die Scheu davor zu nehmen. Natürlich ist diese Arbeit kein Allheilmittel und auch nicht für jeden geeignet. Aber was ist schon für alle Menschen gleich gut – auch Antibiotika wirken nicht bei jedem.

Im Grunde ist der Therapeut der Schlüssel zu einem guten Gelingen. Wählen Sie daher mit Fingerspitzengefühl aus, wenn Sie sich auf den Weg machen.

Grundlage des Familienstellens bilden die systemischen Gesetze, zu denen wir im Verlauf des Kapitels noch kommen (siehe ab Seite 70). Wenn Sie sich diese Gesetze in Erinnerung rufen, können Sie ganz allein schauen, ob in Ihrer Familie alle am »richtigen Platz« stehen. Und Sie können immer wieder abgleichen, ob gewisse Entscheidungen, Handlungen und Zusammenkünfte korrekt unter dem Dach der systemischen Ordnung platziert sind. Mir hat diese Anschauungsweise sehr geholfen. Aus diesem Grund habe ich mich entschieden, die Denkart dieser Arbeit mit in mein Buch einfließen zu lassen. Nicht zuletzt, weil mich dieses Thema selbst sehr stark im Alltag begleitet: Meine Kinder sind beide adoptiert. Ihre leiblichen Eltern gehören daher mit ins Familiensystem. Ich könnte sie negieren, verleugnen, verachten. Oder ich respektiere und sehe sie an ihrem Platz in unserem System als das, was sie sind: Eltern meiner Kinder. Was glauben Sie, welche ist die gesündere Betrachtungsweise? Auch dazu aber später noch mehr. Starten wir jetzt mit einer Session, und sehen wir uns meine erste Begegnung mit der Arbeit des Familienstellens an.

Am eigenen Leib erfahren – meine erste Familienaufstellung

Eine recht intensive Erfahrung, die ich zu Beginn meines Weges machen konnte, war ein Wochenendseminar zum Thema Familienstellen in einer Hamburger Gruppe. Ich hatte schon einiges darüber gehört und gelesen. Das meiste war nicht allzu positiv gewesen: Die einen erklärten mir etwas von »Esokram« und dass lauter »Verwirrte« bei einem solchen Seminar aufeinandertreffen. Andere erwähnten kritisch einen Herrn Hellinger und seine Arbeit. Vereinzelt gab es spannendes Feedback und Erkenntnisse. Ich habe dann verschiedene Bücher studiert und mich autodidaktisch mit der Materie vertraut gemacht. Herrn Hellinger habe ich zunächst ausgelassen, weil meine bisherigen Quellen von ihm abrieten. Er sei zu dogmatisch. Familienstellen könne Schaden anrichten, und es sei sehr schwierig, einen guten Therapeuten zu finden. Dennoch lockte mich die Idee, dass diese unerklärliche Sehnsucht, die Melancholie und die Angst, die mich viele Jahre begleiteten, nicht zwangsläufig nur mit mir zu tun hatten. Und genau das sollte ein Familienstellen klären. Mich beschäftigte die zentrale Idee des Familienstellens: dass nämlich bestimmte Energien, die ein Familienmitglied trägt und mit denen es sich schlecht, fehl am Platz oder sonst irgendwie eigenartig fühlt, möglicherweise von einem anderen Familienmitglied übernommen wurden.

Ich hatte mich bisher mit verschiedenen Techniken und guter Literatur auf den Weg in die persönliche Freiheit gemacht. Meine erste »Bibel« war damals das Werk von Dr. Joseph Murphy: »Die Macht Ihres Unterbewusstseins« (siehe Literaturverzeichnis ab Seite 254). Ich war damit weitergekommen, hatte mit dem Lenken meines Denkens kleine Etappen persönlicher Freiheit erlangt, spürte aber nun, dass ich an massive Grenzen stieß. Ängste, die immer wieder auftauchten, Unruhe und eine große Sehnsucht. Ich brauchte Unterstützung von außen. Also traf ich irgendwann auf Ulrich, einen charmanten, eloquenten und klugen Seminarleiter, der mit viel Herz fünfzehn Menschen an diesem langen Wochenende durch ihre Themen begleiten wollte.

Ich gebe zu, ich war erst einmal skeptisch. Die Bodenständigkeit und die Professionalität, die dort herrschten, überzeugten mich aber letztlich davon, dass ich am richtigen Ort war. Hier war Klarheit im Raum. Ich blieb.

Nicht alle Teilnehmer hatten an diesem Wochenende den Wunsch, ein Problem direkt »aufzustellen« und zu entlarven. Einige aus der Gruppe kamen regelmäßig als sogenannte Repräsentanten. Sie waren Unterstützer für diejenigen, die sich Teile ihres Systems anschauen wollten.

Zu einem besseren Verständnis für alle, die noch nichts vom Familienstellen gehört haben, erläutere ich die Eckpfeiler, Grundprinzipien und Gesetze im Anschluss. Diese können Sie sich immer wieder ansehen und schauen, ob in Ihrem persönlichen System möglicherweise Verletzungen der Gesetze vorliegen, was Sie und andere Familienmitglieder blockieren könnte.

Aufstellungsarbeit: So funktioniert sie

Eine Gruppe meist fremder Menschen trifft sich. Jeder bringt einen Wunsch auf Veränderung in einem bestimmten Lebensbereich mit. Oder anders formuliert: Ein Problem wiederholt sich ständig, und es fehlt einem jeglicher Ansatz zur Lösung. Das können tatsächlich familiäre Probleme sein, die unmittelbar mit Mutter oder Vater zu tun haben. Es können Beziehungsprobleme sein: ständiger Streit mit dem Partner, immer wieder Trennungen vom Partner oder gar die fehlende Bindung zu einem Lebensgefährten. Vielleicht macht aber auch der Beruf Kummer, oder es gibt Probleme mit den Kids. Eine Krankheit, mangelnde Fülle, also durchaus auch finanzielle Sorgen, oder, oder, oder …

Es wird dann offen in der Runde aller Beteiligten mit dem Therapeuten das Problem erläutert. Gewisse Parameter können durch den Therapeuten abgefragt werden, und dann kommt es zu einer Zieldefinition. Das alles geschieht noch im Vorgespräch zur eigentlichen Aufstellung.

Hier sei erwähnt, dass es natürlich viele Wege gibt, die nach Rom führen. Jeder Therapeut arbeitet letztlich auf seine Weise. Dazu nur eine kleine Anmerkung: Ich habe meine Ausbildung zur systemischen Prozessbegleiterin in einem Institut gemacht, das zusätzlich mit Gestalt-Coaching-Elementen arbeitet. Ulrich, mein Therapeut am beschriebenen Wochenende, lässt auf sehr seriöse Weise die Astrologie mit in seine Aufstellungsarbeit einfließen. Sie sehen also, nichts muss dogmatisch ablaufen. Auch ich selbst habe im Laufe der Zeit meinen ganz eigenen Stil bei der Arbeit mit den Klienten entwickelt, so wie andere Therapeuten eben ihren Stil haben.

Wenn die Grundprinzipien als Basis dienen und sich ein feinfühliger Prozessbegleiter an Ihrer Seite befindet, funktioniert diese Arbeit. Und so kann ich heute von Herzen »Danke« an Bert Hellinger sagen. Ich habe ihn leider nie live erlebt, aber mittlerweile viel von ihm gelesen und auch Aufzeichnungen angeschaut. Die Basisenergie, die er mit dem Familienstellen groß gemacht hat, ist ein gutes Instrument auf dem Weg zur eigenen Freiheit und Erkenntnis. Dennoch bin ich als Mensch selbstverantwortlich und nicht gezwungen, dogmatisch alles von ihm zu übernehmen. Ich würze mir meine Suppe gern selbst nach. Aber so lasse ich auch anderen die Möglichkeit, sich ihre persönliche Note selbst zu kreieren. Am Ende sind wir alle Menschen – keiner ist besser oder schlechter als der andere. Vielleicht der eine nur schon etwas weiter als der andere.

Doch zurück zum Prozedere: Nach dem Vorgespräch mit dem Therapeuten wird es spannend. Aus der Runde aller Beteiligten werden jetzt die Repräsentanten ausgewählt, die für eine bestimmte Person oder für Teile unseres Familiensystems stehen. Das heißt, irgendeine fremde Frau ist plötzlich Repräsentantin für meine Mutter, und ich positioniere sie irgendwo im Raum. Oder einer der anwesenden Männer steht in meinem System dann als mein Lebensgefährte. Eine andere Frau repräsentiert mein Herz und wieder eine andere meine Traurigkeit. Natürlich bekomme auch ich erst einmal einen Stellvertreter. Damit habe ich die Chance, mich als Zuschauer auf das Szenario einzulassen: Mal draufzuschauen und nicht drinzustecken in meinem System ist schon eine erste Hilfe zur Erkenntnis.

Dann stehen die verschiedenen Repräsentanten im Raum. Das Feld beginnt zu wirken, und in Eigendynamik setzt der Prozess ein. Die Stellvertreter kommen in einen Dialog. Emotionen steigen auf, und erstaunlicherweise hat man als Klient (der von außen zuschaut) oft das Gefühl, dass die Repräsentanten tatsächlich den benannten Teil (Vater, Mutter, Partner, Kinder) verkörpern. Ausdruck, Sprache und Verhalten sind entsprechend.

Der Therapeut führt dabei feinfühlig durch die Aufstellung. Er sieht, hört und wittert, was im System los ist.

Später, wenn man als Klient selbst an seinen Platz kommt, kann man in der Begegnung mit den Repräsentanten über Danken, Annehmen und Verzeihen viel für sich und sein System tun.

… und die Fortsetzung meiner Geschichte

Jetzt aber unbedingt zu meinem konkreten Aha-Erlebnis zurück. Ich saß also neben Ulrich auf dem heißen Stuhl und blickte in die Runde meiner Mitstreiter. Meine Aufgabe war, einen Wunsch zu formulieren, ohne ihn dabei anzusehen. Einen Wunsch, den mir eine gute Fee jetzt erfüllen würde. Was wäre das? Der Aufstellungsleiter sah mich nicht an, blieb jedoch aufmerksam und fühlte mich.

Was wollte ich eigentlich? Nervös knibbelte ich an meinen Fingern und schwieg. Minuten der Stille. Ulrich studierte währenddessen mein Horoskop, das er vorher von mir, wie von jedem seiner Klienten, angelegt hatte.

Ich weiß heute gar nicht mehr genau, was ich mir damals wünschte. Es ging vor allem um meine unerklärliche Sehnsucht, meine unkontrollierbare Traurigkeit, meine Suche nach irgendjemandem – oder irgendetwas. Ich wünschte mir, leichteren Herzens zu sein. Ich erinnere mich noch daran, wie ich über meine Beziehungen zu potenziellen Partnern sprach, dass ich auch von meinen Eltern, Großeltern und von meinem jüngeren Bruder erzählte.

Mein Hang zur Analyse und zu fundierten Erklärungen machte mir den Start schwer. So saß ich also da und blickte auf Menschen, die ich in diesem Raum zueinander angeordnet hatte. Ulrich, ganz

Profi, wusste mit einem Kopfmenschen wie mir gut umzugehen. Er ließ mich schauen. Schenkte den Repräsentanten die nötige Aufmerksamkeit, arbeitete mit ihnen … Irgendwann bat er mich an meinen eigenen Platz. Hinein ins System. Mein Stellvertreter blieb als eine Art Gefühlsbarometer auf dem Zuschauerplatz.

Bis hierher konnte ich Ulrich und seiner Idee von den Verstrickungen in meinem Familiensystem mit dem Kopf folgen.

Ich war berührt, aber dennoch gefasst. Irgendetwas löste sich, und mein Therapeut sowie die Stellvertreter machten einen zufriedenen Eindruck.

Doch dann passierte das Unerklärliche. Ulrich hatte einen weiteren Repräsentanten in den Raum geholt. Seine Identität wollte er nicht gleich preisgeben und sprach von einem »Joker«. Er hatte ihn liegend auf einer Decke platziert und bat mich langsam zu diesem Bereich zu kommen. Ich sollte mich hinknien, mein Gegenüber wahrnehmen und ihm in die Augen schauen.

Mich überkam ein Schauer. Tränen stiegen mir in die Augen, und ich war aus rätselhaften Gründen hoch emotional. Ich umarmte mein Gegenüber und hielt ihn genauso fest wie er mich. Ich fühlte mich so geborgen, angekommen, angenommen. Verbunden. Liebe pur. Irgendwann nach einer Zeit des wohligen Wiegens Arm in Arm hatte Ulrich eine neue Forderung. Ich sollte mich von diesem Teil, dem ich auf der Decke in diesem Raum in Hamburg begegnet war, verabschieden. Im Grunde nichts leichter als das. Den Mann kannte ich nicht, und dass wir hier gemeinsam auf der Decke heulten, konnte ich nicht deuten. Dennoch fiel mir der Abschied schwer. Unendlich schwer. Es zerriss mir fast das Herz. Ich wollte nicht gehen und wollte ihn nicht gehen lassen. Wer oder was auch immer das in meinem System war. Die Tränen strömten – bei mir, bei meinem Gegenüber. Wir gehörten zusammen.

Alles Verweigern nützte nichts. Der Aufstellungsleiter bat mich nun mit Nachdruck, mich endlich zu verabschieden und aufzustehen. Dabei erklärte er mir, was sich in dieser Aufstellung offenbart hatte: Scheinbar hatte ich einen Zwillingsbruder, mit dem ich in den ersten Schwangerschaftsmonaten den Uterus meiner Mutter geteilt haben musste. Dann muss es zu einem Abort des Zwillings gekommen sein. Gehört hatte ich von meinen Eltern noch nie davon, aber in diesem Moment war mein Gefühl so stark, so echt, das ich nicht daran zweifelte. Es war eher wie ein bekräftigendes »Endlich ist es erkannt«. Wir lösten uns nach einiger Zeit aus der innigen Umarmung, verabschiedeten uns, und ich weiß seit diesem Augenblick, dass ich einen Zwillingsbruder hatte.

Das hat mich umgehauen. Kein Wunder, dass meine Partnerschaften bis dahin immer etwas Brüderliches hatten und dass meine Sehnsucht in eine andere Welt so stark war. Stück für Stück verstand ich mich besser.

Das Genialste aber sollte erst am Abend des letzten Seminartages passieren. Meine Mutter, mit der ich zu diesem Zeitpunkt ein eher distanziertes Verhältnis hatte, rief mich ohne besonderen Grund an. Da ich an meiner Verbindung zu ihr in diesem Seminar gearbeitet hatte, empfand ich ihre Kontaktaufnahme schon einmal als phänomenal. Besser aber noch, dass sich unser Gespräch in Richtung Kindheit entwickelte und wir irgendwann in einem intensiven Gespräch über ihre Schwangerschaft mit mir und bei der Geburt waren. Ich erfuhr auf einmal Fakten, die ich noch nie vorher zu hören bekommen hatte. Von Komplikationen in der Schwangerschaft war da die Rede, Antibiotika und der These, dass ich einen Zwillingsbruder gehabt hätte. In diese Welt hat er es leider nicht geschafft, aber in mein Herz.

Schauen wir von außen auf meine Erfahrung und die zugehörigen Fakten, können wir bereits etwas zu meiner Persönlichkeit ableiten. Dass meine Mutter bis zu diesem Zeitpunkt nichts von der Geschichte preisgegeben hat, sagt ebenfalls etwas aus. Es geht mir nicht darum, dass Sie beginnen, jedes Wort auf die Goldwaage zu legen oder wegen jedes nicht gesprochenen Details aus Ihrer Kindheit enttäuscht zu sein. Ich möchte nur Ihr Bewusstsein schärfen. Nehmen Sie Witterung auf für das, was tatsächlich eine Bedeutung für Ihr Dasein hat. Mit meinem Beispiel möchte ich anregen, dass Sie Vergleiche ziehen, Kräfte wahrnehmen und Auswirkungen verstehen lernen.

Die frühe Störung, also im Mutterleib, hat bei mir sicher auch zu Störungen des Ur-Vertrauens geführt. Der Verlust des Zwillings, die medizinischen Eingriffe und Medikationen haben einen »Schaden« angerichtet. Im weiteren Verlauf meines Lebens sind dann noch diverse andere Baustellen dazugekommen. Da gibt es nichts zu beschönigen. Jeder von uns erlebt Situationen und erfährt Prägungen, die Spuren hinterlassen.

Meine Mutter beispielsweise hat sich damals aus meiner Sicht als Kind in Konfliktsituationen gerade auch mit meinem Vater selten behauptet. Sie hat vieles geschluckt und sich ihrem Schicksal gefügt. Ich als Tochter habe von meiner Mutter dabei gelernt, in der direkten Konfrontation den Kopf einzuziehen, meine Emotionen zu verstecken. Wut, Aggression, Traurigkeit und Enttäuschung nicht offen zu leben führt zu einem ungesunden Umgang mit den

Impulsen. Ich habe mich in meiner Kindheit erst einmal entschieden, in den Rückzug zu gehen. Vielleicht habe ich mir sogar deshalb explosionsartige Entladungen als Mittel gegen den Druck von außen antrainiert. Erst später habe ich gelernt, mich mit Nachdruck durchzusetzen.

Die Taktik meiner Mutter jedoch, aus dem Hintergrund wichtige Fäden zu ziehen, hat ein sehr eigenes Machtpotenzial.

Familiensysteme: Erklärungen, Regelwerk und Gesetze

Familien – Systeme. Zwei Begriffe, die eine gute Erklärung für das geben, worum es im Leben immer wieder geht: um das **System** in einer **Familie.**

Die Familie

Die Herkunft. Die Wurzeln. Der Ursprung. Selbst wenn man nicht unmittelbar in einer Familie lebt, so ist man doch mit seinen eigenen Wurzeln verbunden. Wenn man jedoch, gemeinsam mit dem Partner, Kinder aufzieht, ist Familie unmittelbar präsent. Eins ist klar: Wir sind untrennbar verbunden. Wir haben oder hatten Mutter und Vater, und damit stecken wir drin – im Thema Familie. Damit sind wir verstrickt.

Das System

Eine Ordnung. Eine Anordnung. Eine Gliederung. Es gibt Grundprinzipien, die den Rahmen unseres Familiensystems ausmachen und für Schwierigkeiten und Disharmonie sorgen, falls sie missachtet werden. Einfache Regeln, die im Grunde völlig logisch sind.

Das Ältere kommt vor dem Jüngeren

Eltern kommen vor ihren Kindern. Großeltern vor den Eltern.

Das erste Kind vor dem zweiten Kind und das wiederum vor dem dritten. Auch abgetriebene, im Mutterleib verstorbene oder früh gegangene Kinder gehören ins System.

Altes kommt vor dem Neuen.

Das bedeutet auch, dass die erste Frau eines Mannes, wenn dieser Kinder mit dieser Partnerin hat, immer auf der Stelle eins im System für ihn bleibt. Die zweite Frau darf eben die Zweite sein. Umgekehrt ist es natürlich genauso. Der erste Mann, mit dem eine Frau Kinder hat, bleibt in ihrem persönlichen System immer an Stelle eins. Die Kinder haben eine klare Verbindung zu ihren Wurzeln – zu den leiblichen Eltern. Wird ein Kind adoptiert oder entsteht eine Patchworkfamilie, dann sind systemisch betrachtet die Wurzeln fest an ihrem Platz zu identifizieren. Weder Verleugnen noch Abwenden sind möglich. Im Gegenteil, ein bewusstes Abwenden ist wie eine unterbrochene Hin-Bewegung zu werten. Das bedeutet konkret: Die neuen Elternteile können für eine wunderbare Elternschaft sorgen, liebevoll ein Kind begleiten und es aufziehen. Aber sie ersetzen nicht die leiblichen Eltern, im Sinne der systemischen Kräfte.

Familie ist wichtiger als andere Teile

Die Frau steht neben ihrem Mann. Nicht neben dem Sohn. Der Vater nicht neben der Tochter, sondern neben seiner Partnerin.

Natürlich ist damit die Energie im Umgang miteinander gemeint und nicht die pure Position. Ein Vater kann sehr wohl Zeit mit seiner Tochter verbringen, nur sollten die Hierarchien klar erkennbar sein. Ein Vater wendet sich seinem Kind zu. Themen, die besprochen werden, sollten in diese Verbindung gehören und nicht Themen sein, die eigentlich Partner miteinander bereden.

Genauso steht es um Mutter und Sohn. Der Sohn ist kein potenzieller Partner. Er ist auch nicht der Weltverbesserer-Mann und Retter von Mama. Er ist einfach Sohn. Ob er fünf, fünfzehn oder gar fünfzig Jahre alt ist.

Das Gesetz der Zugehörigkeit

Alle Familienmitglieder wollen gesehen werden. Verdrängen, Verschweigen oder das Ablehnen von Familienmitgliedern bringt Probleme ins System, die sich über Generationen verstricken. Geheimnisse gilt es deshalb zu lüften. Stets sollten wir uns darum bemühen, ein Gleichgewicht zwischen Geben und Nehmen zu halten.

Es braucht immer einen Ausgleich

Damit Sie ein besseres Verständnis für die Grundgesetze der systemischen Arbeit bekommen und leichter einen Vergleich zu sich und Ihrem System ziehen können, werde ich im Laufe des Buches immer wieder an die Eckpfeiler zurückkehren und Sie mit Fallbeispielen unterstützen.

Plätze einnehmen – wer befindet sich wo im Familiensystem?

Wichtig ist mir, die Sichtweisen der systemischen Ordnung und der Charaktertypologien an dieser Stelle nicht zu vermischen. Zu erkennen, wer in einem System zugehörig ist und an welche

Position dieser Mensch tatsächlich gehört, damit er an seinem Platz gewürdigt wird, ist das Wesentliche in der systemischen Arbeit.

Sicher befindet sich jeder Mensch auch durch seine Prägung, die dann einem Charaktertypus zuzuordnen ist, an einem bestimmten Punkt im System seiner Familie. Das bedeutet auch, dass Verhaltensweisen, Handlungen und Reaktionen, die Auswirkungen auf das Familiensystem haben, einer Charakter-Struktur zuzuordnen sind. Dennoch blicken wir zunächst unter Beachtung der systemischen Ordnung auf ein paar Fallbeispiele und gehen dabei nicht tiefer auf die Struktur ein. Jetzt geht es erst einmal vorwiegend darum, den Wunsch des Klienten im Zusammenhang mit der Verstrickung im System zu erkennen. Ich möchte, dass Sie einen Ansatz auf Lösung erahnen und möglicherweise Rückschlüsse zum eigenen System ziehen können. Die Charaktertypologien lassen wir also noch bewusst außen vor. Dazu kommen wir dann in den folgenden Kapiteln (siehe ab Seite 83).

Sie werden sehen: Am Ende passen alle Wirkungsfelder, die Sie nutzen, wieder zusammen. Schließlich geht es dabei um eine Ganzheit. Sie setzen Ihre Puzzleteile Stück für Stück ineinander.

Schauen wir also auf ein paar Fallbeispiele, um das eben beschriebene Regelwerk zu veranschaulichen, zu vertiefen und einfacher mit dem eigenen System abgleichen zu können.

Schauen wir in Familiensysteme und sehen wir, wie Ordnungen wiederhergestellt werden können. Wichtig hierbei sind folgende Grundsätze: Mit dem Erkennen der Fehlpositionierung in einem System ist ein sehr wichtiger Schritt getan. Seien Sie also aufmerksam bei der Betrachtung Ihres Familiensystems oder beim Beobachten von Freunden und Bekannten. Als Erstes gilt es, die Struktur zu verstehen und zu erkennen.

Vorab hier noch ein paar wichtige Regeln – die beim Familienstellen eine Grundlage bilden:

- Jedes Familienmitglied hat seinen Platz im System und möchte gesehen werden.
- Dabei steht der Mann (Vater) rechts neben seiner Frau (Mutter) – beide blicken in die gleiche Richtung.
- Die gemeinsamen Kinder stehen vor ihnen, ebenfalls in die gleiche Richtung schauend. Hier gilt das Recht des Älteren vor dem Jüngeren.
- Die Eltern sind die Großen, die Kinder sind die Kleinen. Dementsprechend sind Rechte, Pflichten und Verantwortungen verteilt in der Familie – und so sind sie auch zu tragen.

Diese Hinweise sollen Ihnen helfen, die Geschichten und Aufstellungen der Klienten nachzuvollziehen, die ich auf den folgenden Seiten schildere. Die Fallbeispiele basieren auf den Geschichten von Klienten, die in meine Praxis kamen.

In jedem Fallbeispiel erläutere ich kurz die Situation des Klienten, danach gehe ich darauf ein, wie er die Repräsentanten in der Aufstellung positioniert hat und was dies bedeutet. Anschließend finden Sie Ideen für den Alltag: Falls Sie sich in der beschriebenen Situation ein Stück weit wiedergefunden haben, können Sie sich davon zu möglichen Lösungen für Ihre eigenen Themen und Verstrickungen inspirieren lassen.

Erstes Fallbeispiel:
Auf der Suche nach Mr. Right

Die Klientin wünscht sich eine beständige, ehrliche und andauernde Partnerschaft. Sie hat nur kurz andauernde Verbindungen zu Männern oder oberflächliche Affären.

Die Rahmeninformationen

Der Vater der Klientin zog von zu Hause aus, als sie fünf Jahre alt war. Ihre Mutter hatte danach keine erwähnenswerte neue Partnerschaft und war sehr enttäuscht von ihrem Exmann.

In der Aufstellung positioniert die Klientin ihre Repräsentanten wie folgt: Sie stellt ihre Stellvertreterin neben die Repräsentantin der Mutter. Der Vater wird in Konfrontation direkt der Mutter gegenüber platziert.

Das Feld beginnt zu wirken, und die Verachtung der Mutter dem Vater gegenüber kommt zum Tragen.

Die Stellvertreterin der Klientin spürt erst ihre starke Wut auf den Vater – die hat sie von der Mutter übernommen. Dann steigt die Trauer in ihr auf, nicht vom Vater gesehen zu werden. Außerdem hat sie im System einen Platz bekommen, der einem Kind nicht gerecht wird. Sie gehört nicht neben die Mutter, um eine Ersatzpartnerfunktion auszuüben, sie gehört als Kind zu Mutter und Vater.

Ihre erlernte Wut auf Männer, die Ablehnung der Mutter gegenüber dem Vater und die starke Bindung auf falscher Ebene an die Mutter – all das hat die Klientin nicht frei in Beziehungen leben lassen.

Lösung bei einer Aufstellung

Eine Hin-Bewegung zum Vater und die Umpositionierung weg vom Platz neben der Mutter befreien die junge Frau aus ihrer Verstrickung, der unterschwelligen Verachtung des Männlichen. Den Platz für einen potenziellen Partner gilt es tatsächlich freizugeben und dabei ein- und nicht ausladend zu sein.

Ideen für den Alltag

Es kann helfen,

- sich im Umgang mit den Eltern genau zu beobachten.
- sich zu fragen: Befinde ich mich bei einem aktuellen Problem in meinem Leben emotional gerade tatsächlich auf der Erwachsenen-Ebene – im Hier und Jetzt? Oder gerate ich in den Konflikt auf Kinderebene?
- im Umgang mit dem Partner bewusst zu bleiben und darauf zu achten, dass man nicht in die Rolle der Tochter rutscht.
- möglicherweise schwierige Situationen, Streitgespräche, Konflikte gezielt zu unterbrechen, um sich zu sammeln und mit einem klaren Kopf erneut gemeinsame Lösungen zu finden.
- bewusst zu spüren, welche Emotionen in der Begegnung mit Mutter, Vater und Partner aufsteigen. Welche Prägung haben Sie als das »Kind« heute noch im System?
- alter Wut/Trauer über nicht geteilte und gelebte Zeit mit dem Vater rauszulassen.
- den Mann als Partner zu identifizieren – er ist nicht Ihr Vater und nicht Ihre Mutter.
- sich mit dem Partner auf einer Partnerebene zu verbinden und ihm von der erkannten Verstrickung zu erzählen.

- ihn um Unterstützung dabei zu bitten, im Alltag alte Muster aufzudecken.

Zweites Fallbeispiel:
Mein Mann soll mich mehr unterstützen

Die Klientin wünscht sich mehr Unterstützung von ihrem Mann, beispielsweise in der Erziehung und Betreuung der Kinder sowie bei den Arbeiten im Haushalt. Sie fühlt sich allein gelassen.

Die Rahmeninformationen

Ihre Mutter hatte immer Schwierigkeiten, sich gegen den dominanten Vater zu behaupten. Als Älteste von drei Kindern hat die Klientin früh begonnen, ihre Mutter im Haushalt zu unterstützen.

Die Klientin positioniert ihre Repräsentanten, Mutter und Vater, direkt einander gegenüber. Ihre Stellvertreterin steht etwas abseits, mittig zu den Eltern. Die Geschwister stehen alle hinter ihr. Das System zeigt deutlich die schwache Mutter, einen sehr dominanten Vater, der übermächtig im System herrscht. Alle Geschwister sind zurückgezogen im Schutz der großen Schwester zu finden. Vater und Mutter bestreiten einen klar erkennbaren Kampf, die Klientin zeigt Solidarität zur Mutter und versucht, deren Schwäche durch die eigene Stärke zu kompensieren. Früh lernt sie zu versorgen und Führung zu übernehmen. Sie ist nicht in direkter Auseinandersetzung mit dem Vater, hat aber auch nicht gelernt, der männlichen Führung zu trauen – und auch nicht, tatsächliche Nähe zuzulassen.

Die Klientin ist jedoch hier das Kind, die Mutter die Große. Ihre versorgende Mutterrolle für die Geschwister und sogar für die Mutter hat sie deshalb »zurückzugeben«. Das war nicht ihre Aufgabe.

Die Tatkraft des Vaters und die Annahme seiner liebevollen Führung der Kinder gilt es zu integrieren. Das, was die Eltern miteinander zu klären haben, ist nicht das Problem der Klientin.

Lösung bei einer Aufstellung

Durch die Umpositionierung an den richtigen Platz als Tochter im System und die Hinbewegung von Tochter zu Vater kommt das System ins Gleichgewicht. Das ist die Voraussetzung dafür, dass die Klientin dem Partner den Raum schenken kann, seinen Teil zum Familienleben beitragen zu können. Vertrauen in den Partner und das eigene Zurücknehmen sind gefragt.

Ideen für den Alltag

Es kann helfen,

- im Umgang mit dem Partner bewusst auch mal die Führung abzugeben.
- sich als Frau in der Familie wahrzunehmen.
- zu verstehen, der Mutter und dem Vater nichts mehr abnehmen zu müssen: Sie sind die Großen und können ihr Leben selbst bestimmen und bewältigen.
- Übungen zum Thema Vertrauen vielleicht auch mit Freundinnen zu erarbeiten (Übungsvorschläge für den Alltag Seite 240).

Drittes Fallbeispiel:
Wunsch nach einem Leben ohne ständigen Druck

Die Klientin wünscht sich mehr Leichtigkeit in ihrem Leben. Sie möchte einfach mit weniger Druck leben.

Die Rahmeninformationen

Die Mutter der Klientin hat schon immer gewusst, was am besten für diese ist: ob Schule, Hobby, Beruf oder die Wahl ihrer Partner. Die Klientin hat keine Geschwister. Vater und Mutter leben ein scheinbar friedliches Miteinander, und sie war und ist der ganze Stolz der beiden. Ihr Vater ist eher introvertiert, die Mutter ist eine schlagfertige Person.

Die Klientin positioniert die Repräsentanten von Vater und Mutter nebeneinander, Vater links und Mutter rechts. Ihre Stellvertreterin ist vor den beiden der Mutter halb zugewendet aufgestellt. Etwas unsicher und verloren mit Blick zur Mutter und einer wohlwollenden Berührung des Vaters auf der Schulter.

Die Stärke der Mutter wird schnell erkennbar. Die Rollen von Vater und Mutter sind vertauscht. Die Mutter ist in die Führungsrolle getreten, und die mangelnde Präsenz des Vaters wird schnell spürbar. Die Tochter ist irritiert und wird von der Mutter unter stetem Druck kontrolliert. Der Vater hingegen versucht sanft sein Dasein zu bekunden.

Die Klientin fühlt Unstimmigkeit an ihrem Platz, und der Druck der Mutter wächst.

Diesen Druck kennt sie aus dem Jetzt: Immer etwas leisten zu müssen und im besten Fall auch ihrer Mutter zu entsprechen. Der Vater hat wenig eigene Meinung dazu.

Es ist wichtig, dass jeder Teil des Systems an seinen Platz kommt, um in die richtige Kraft zu gelangen.

Lösung bei einer Aufstellung

Die Mutter gehört links und der Vater gehört rechts ins System. Die Tochter steht mittig vor den beiden im gemeinsamen Feld.

Ihre Mutter darf lernen, nicht den Part ihres Mannes zu leben und ihn in seine Kraft kommen zu lassen. Außerdem muss die Mutter aus der Konfrontation mit der Tochter gehen, um ihr den Rücken mit weiblicher Energie zu stärken. Vater- und Mutterkraft gehören beide in die Ordnung. Das Lösen von Verstrickung und Konfrontation ist wichtig für den eigenen freien Fluss.

Ideen für den Alltag

Es kann helfen,

- die Mutter als das wahrzunehmen, was sie ist: eine Frau und Mutter.
- den Blick auch auf die Störgefühle zur Mutter zu richten, um zu erfragen: Wie viele von den ungeliebten Eigenschaften habe ich auch?
- aus der Konfrontation mit der Mutter zu kommen, anzunehmen, was ist. Für das Gute zu danken, um zu integrieren: Ich bin sie – und ein bisschen mehr.
- aus der Ruhe seine Grenzen zu setzen und sich nicht zwingen zu lassen. Und ganz klar darf und sollte man als Erwachsene gelernt haben, frei »ja« und »nein« sagen zu können.

Viertes Fallbeispiel:
Rastlosigkeit nach Adoption

Die Klientin ist rastlos und fühlt sich als immer Suchende. Sie wünscht sich Frieden und Entspannung.

Die Rahmeninformationen

Die Mutter der Klientin ist nicht deren leibliche Mutter. In der Pubertät hat die Klientin erfahren, dass sie als Säugling adoptiert worden ist. Die Adoptiveltern waren und sind bemühte und recht sorgsame Eltern. Sie haben ihr Kind gefördert, wo sie nur konnten. Sie wollten ihrem Kind Spott und Hohn ersparen und behielten deshalb die Wahrheit um deren Herkunft lange für sich. Durch Tratschereien kam es am Ende zur Aufdeckung der Herkunftsgeschichte.

Die Klientin positioniert ihre Adoptiveltern nebeneinander, Vater rechts und Mutter links. Sich selbst stellt sie drei Meter entfernt vor den beiden mit Blick in die »Ferne« auf. Es ist kein wirklicher Bezug zwischen Eltern und Kind spürbar. Die Repräsentantin blickt suchend umher und bekräftigt ein Mangelgefühl und eine unerklärliche Sehnsucht. Zwischen den Eltern herrscht Harmonie und ein wohliges Gefühl zu ihrem Kind.

Lösung bei einer Aufstellung

Die leiblichen Eltern der Klientin werden ins System gestellt. Plötzlich bekommt die Repräsentantin einen gefühlten Bezug. Wut breitet sich aus über die Unwahrheiten zu ihrer Herkunftsgeschichte den Adoptiveltern gegenüber, aber auch Traurigkeit über das Gefühl, nicht gewollt zu sein von ihren leiblichen Eltern.

Das Kind wird direkt in das System ihrer Herkunft integriert und bekommt damit ein Zugehörigkeitsgefühl. Ein ehrlicher Umgang mit Kindern einer »fremden« Herkunft ist sehr wichtig. Die Wurzeln sind niemals zu negieren und gehören ganz klar zum Kind. Diese Verbindung ist nicht zu kappen. Die Tochter muss die Chance bekommen, ihre eigene Identität damit zu erfahren.

Ideen für den Alltag

Diese Schritte können helfen:

- Die Wurzelsuche und das Aussöhnen mit der eigenen Geschichte sind ein besonders wichtiger Schritt zum inneren Frieden.
- Es gibt gute Selbsthilfegruppen und Freunde auf dem Weg, die eine ähnliche Geschichte teilen.
- Bei aufkommender innerer Unruhe, bei Rastlosigkeit und Sehnsuchtsgefühlen ist es wichtig, sich der Emotionen bewusst zu werden, die dahinterliegen: Wut und Trauer wollen zum Ausdruck gebracht werden.
- Es ist wichtig, selbst in Wahrheit mit sich und seiner Geschichte zu leben.

Meine eigene Rolle
als Frau und Mutter

Wie angekündigt bewegen wir uns jetzt erst einmal weg von den Familiensystemen, von unseren Müttern, weg von der offensichtlichen Macht, die damit verbunden ist: Schauen wir jetzt auf uns. Klar, wir sind unsere Mütter und ein bisschen mehr. Uns völlig abzuwenden, wird also nicht funktionieren. Ich möchte Sie nur mit den folgenden Charakteristika und Fallbeispielen dabei unterstützen, den Fokus von Ihrer Mutter hin zu sich selbst zu lenken. Denn nichts ist schlimmer, als festgefahren auf einem Punkt zu verharren und nach »Schuldigen« für die eigenen Probleme zu suchen. Wenden wir uns deshalb einem weiteren System der Betrachtungs- und Selbstfindungsweise zu: der Charaktertypologie. Ich habe mich dafür mit der Charakteranalyse nach Wilhelm Reich beschäftigt und mich davon inspirieren lassen. Eine Menge habe ich auch in den Kursen von Bernhard Voss gelernt.

In diesem Kapitel finden Sie nun verschiedene »Lebens-Choreographien« und Charaktertypen – in manchen werden Sie sich vielleicht wiedererkennen. Außerdem erläutere ich interessante Zusammenhänge zur Entstehung der einzelnen Strukturen, um daran dann auch die persönlichen Stärken der einzelnen Charaktere und positive Transformationsmöglichkeiten aufzuzeigen.

Charaktertypen erkennen – warum das nützlich ist

Das Wissen um die eigenen Strukturen und darüber, auf welcher Grundlage sich bestimmte Wesenszüge manifestieren und formen, finde ich persönlich äußerst hilfreich. In erster Linie tatsächlich für die Selbsterkenntnis. Darüber hinaus bietet dieses Wissen auch einen sehr guten Ansatz, seine Mitmenschen einschätzen und verstehen zu lernen. Das führt zu einer besseren Kommunikation und zur Lösung von eigenen Verstrickungen – das wiederum hat zur Folge, dass es auch nicht mehr zu so vielen unnötigen Verstrickungen mit anderen Menschen kommt.

Sie werden auf den folgenden Seiten eher »schonungslose« Beschreibungen der verschiedenen Charaktertypen finden. Lassen Sie sich davon bitte nicht abschrecken. Mir war wichtig, dass Sie auch die Schattenseiten jedes Charaktertyps erkennen können, denn schließlich sind es genau diese Anteile, an denen wir arbeiten müssen, um unser Potenzial zu entfalten. So habe ich Ihnen einige Fallbeispiele von Frauen skizziert und jedem Beispiel einen »Titel« gegeben.

Absichtlich habe ich die Bilder dieser Frauen etwas überzeichnet, damit sehr deutlich wird, in welche Richtung sie weisen. Schauen Sie genau hin. Ziehen Sie Rückschlüsse, vergleichen Sie mit sich selbst. Erfassen Sie die Essenz daraus.

Ich möchte Ihnen damit zeigen, wie facettenreich die verschiedenen Lebenswege sein können, aber wie sich dennoch Situationen, Zustände und Lebensweisen gleichen. Letztlich geht es um bestimmte Kräfte, Grundschwingungen und Energien, die bei uns allen wirken, die wir einfach nur auf unterschiedliche Art und Weise erfahren.

Es ergeben sich für jeden von uns ständig Fragen, die wir uns auf unserem Weg immer wieder selbst stellen können, um Stück für Stück tiefer ins eigene Ich zu blicken: Sind wir glücklich mit unserem Leben, in unserem sozialen Umfeld, mit unserer Familie? Ist alles an seinem Platz? Sind wir am richtigen Ort? Fühlen wir uns stabil und angekommen? Wie können **wir** selbst weiter dazu beitragen?

Wie erscheint uns unsere äußere Welt? Führen wir ein harmonisches Miteinander? Sind wir beruflich erfüllt, freudvoll in der Partnerschaft, dankbar für unsere Kinder? Oder sind wir einsam, fehlt uns ein Halt?

Wenn wir solche Fragen beantworten möchten, gibt es verschiedene Aspekte, nach denen wir unser Dasein prüfen können: Hakt es oft mit der Familie? Wiederholt sich ein Problem wieder und wieder? Sind wir häufig wütend, enttäuscht oder traurig?

Der erste Schritt aus dem eigenen Leid, dem Unwohlsein, ist ein bewussterer Umgang mit den Mitmenschen, aber vor allem mit sich selbst. Es gilt wach zu sein, zu beobachten und dadurch im Alltag die verschiedenen Situationen zu erfassen, in denen wir agieren. Eine erste große Übung ist es, ehrlich zu sich selbst zu sein. Welche »Schlagzeilen« schreiben wir Tag für Tag selbst? Und unter welcher großen Überschrift wiederholen sich Episoden unseres Seins? Was macht uns aus?

Mein Filmtitel

Wir starten mit den Filmtiteln, die über einem Leben stehen könnten: Wie würde Ihr Leben aussehen, wenn es verfilmt würde? Welche Rolle würden Sie darin spielen? Nehmen Sie Platz, und schauen Sie sich einige der folgenden Filme an! Es ist möglich, dass Sie sich in einem Beispiel wiederfinden. Vielleicht erkennen Sie sich aber auch in allen wieder – oder in keinem. Möglicherweise bekommen Sie dadurch aber eine Idee für Ihren ganz persönlichen Filmtitel. Versuchen Sie einmal sich selbst von außen zu betrachten. Wie würde denn der Titel Ihres Films heißen? Der Titel Ihres Lebens als Frau? Lassen Sie sich inspirieren!

Große Dramen, kleine Szenen, besondere Neigungen und Eigenarten schreiben unsere persönlichen Geschichten. Jeder von uns gestaltet sein Leben und damit seinen persönlichen Film Tag für Tag aufs Neue. Doch wenn wir erst einmal erkannt haben, wie leicht wir unser Drehbuch verändern können, wird es einfacher. Doch das gelingt nur mit einem aufrichtigen Blick in den Spiegel. Also: In welchem der folgenden »Filme« erkennen Sie sich selbst in der Hauptrolle?

Leben im Laufschritt: Die Gehetzte

Wer kennt sie nicht, die stressigen Tage, an denen alles drunter und drüber geht: Frau hetzt durch den Tag. Schon morgens werden mit großem Hallo die Kinder aus dem Haus bugsiert. Der Zeitplan ist knapp bemessen. Der Einkauf wird im Vorbeilaufen erledigt. Der Einkaufszettel liegt natürlich zuhause, und dementsprechend lückenhaft ist die Ausbeute.

Nach diversen Telefonaten, die im Auto auf der Überholspur geführt werden – nach mehrmaligem Kassieren entsprechender Strafzettels nun wenigstens mit Freisprechanlage – kommt die Gehetzte bei ihrem ersten wichtigen Geschäftstermin an. Der Lippenstift wird noch rasch mit Blick in den Rückspiegel aufgetragen, die Haare schnell zu einem Pferdeschwanz gebunden, denn mehr Zeit ist für die Frisur nicht übrig.

Mit einem etwas aufgesetzten strahlendem Lächeln und gespielter Vitalität kann das Meeting beginnen.

Spätestens im letzten Drittel der kreativen Gesprächsrunde driften die Gedanken Richtung Kindergarten ab. Eine »gute Mutter« holt ihr Kind selbstverständlich persönlich nach Hause. Mit heimlichen Blicken auf die Uhr werden die Sätze, die sie in der Geschäftsrunde beisteuert, immer kürzer: »Ja, verstehe. Mhm. Gut. Machen wir so.« Beenden lautet die Devise.

Mit gefühlten 250 km/h geht es dann nämlich wieder über die Autobahn zur Kita. Dabei muss Frau »ungeblitzt« bleiben, um nicht für die nächsten Wochen ohne Führerschein dazustehen. Eine selbstständige, fleißige Frau sollte beweglich sein.

Standardmäßig werden auf der Fahrt die nächsten Telefonate abgewickelt, wichtige und weniger wichtigere. Kontakte pflegen, Geschäfte machen, die äußere Welt instand halten.

Am Kindergarten angekommen sind alle Zwerge schon weg, doch wenigstens freut sich das eigene Kind über den Abholservice durch Mama, auch wenn es heute wieder mal das »Übriggebliebene« war.

Die nächste Hürde, ein frisches Mittagessen für die Familie, wird mit einer Ausnahmeregelung in Junkfood umgewandelt: Tiefkühlpizza für alle … Doch wer glaubt, damit hätte der Stress ein Ende, liegt ziemlich falsch. Aus der gemütlichen Nachmittagskinder-idylle, die Frau sich früher mal so sehr herbeigesehnt hatte, wird Doppelbelastung, Hektik und Nervenstress pur: Denn die Gehetzte muss ihrem Terminplan weiter folgen und hat ein weiteres Geschäftstreffen auf der Agenda. Das Kindermädchen erscheint zum Glück pünktlich zum Job und übernimmt für ein paar Stunden die lieben Kleinen.

In bekannter Routine geht die Fahrt zum Geschäftstreffen einher mit den unerlässlichen Telefonaten.

An diesem Abend werden die Kinder von Papa ins Bett gebracht. Mama ist noch ganz Geschäftsfrau und wird nicht vor 20 Uhr den Weg nach Hause finden.

Ganz fix werden abends dann noch die E-Mails gecheckt, damit danach wenigstens ein Stündchen für ein gutes Buch oder ein liebevolles Gespräch mit dem Partner bleibt. Meist siegt jedoch die Müdigkeit. Was der neue Tag zu bieten hat, lässt sich leicht erahnen.

Auf Mission für alle anderen: Die Fürsorgliche

Schon morgens ist der Frühstückstisch mit vielen Leckereien gedeckt. Eine fürsorgliche Frau ist schließlich Profi im Versorgen ihrer Lieben. Als Mutter ist sie auch unschlagbar im Stullenschmieren. Ist die Fürsorgliche noch kinderlos, ist der Wunsch, den eigenen Nachwuchs genauso zu betüddeln wie den Partner, sehr groß. Diese Frau bemüht sich immer, die Wünsche aller zu erfüllen. Sie sorgt für eine perfekte Wohlfühl-Atmosphäre und weiß, mit welchen Details sie punkten kann.

Dass sie stets hilfsbereit auch allen Senioren über die Straße hilft oder immer mal den Einkauf für die Nachbarin mit erledigt, steht außer Frage. Meist lebt sie ihre Fürsorglichkeit bis zur eigenen Aufopferung aus.

In der Firma ist sie bekannt als stets verfügbarer Ersatz für erkrankte Mitarbeiter. Notnagel, Springer und für jede Überstunde bereit, denkt die Fürsorgliche dabei zuletzt an sich.

Oft ist sie gemeinnützig tätig: Sie engagiert sich für sozial Schwächere, für bedürftige Kinder oder macht sich als Tierschützerin stark. Eine Frau mit dem Versorger-Gen.

Sie backt genauso gern leckere Kuchen für ihre Freunde wie knusprige Plätzchen zu Weihnachten. Sie hat einen sehr liebevollen Blick, eine wunderbar freundliche Art und ein großes Herz für ihre Mitmenschen.

Diese Frau ist jederzeit gerüstet, um zu helfen. Ihre Handtasche zum Beispiel ist ein halber Überlebenskoffer: Von Taschentüchern über Reinigungstücher, Pflaster und Notfalltropfen bis hin zu Nadel und Faden, Kaugummis, einer Nagelschere und Halsbonbons ist alles dabei. Schließlich könnten irgendwelche ihrer Utensilien von irgendjemanden irgendwann gebraucht werden. An sich selbst denkt die Fürsorgliche dabei natürlich nicht zwangsläufig.

Für einen Mann, der sich gern verwöhnen lässt, ist ein Dinner bei ihr zu Hause wahrlich ein Genuss – sanfter Kerzenschein, dezente Klänge klassischer Musik und ein angenehmer Duft von frisch zubereiteten Speisen, ein wunderbar dekorierter Tisch, ein Glas Champagner und eine strahlende Gastgeberin laden zum Verweilen ein. Die Fürsorgliche wird an alles denken. Für alle. Jetzt und immer. Doch für sie selbst bedeutet das Freude und Bürde zugleich.

In fernen Welten: Die Träumerin

Schon als Kind hat sie stundenlang aus dem Fenster gesehen und geträumt, meist in der Schule. Während die anderen miteinander wetteiferten, die vielen Fragen des Lehrers als Erster zu beantworten, hing ihr Blick in den Wolken – und ihre Gedanken waren auf einer Reise. Mal galoppierte sie auf ihrem Wunschpferd durch die Lüfte, dann stellte sie sich vor, wie sie einmal als glückliche, erwachsene Frau leben würde. In einem großen Haus auf dem Land, mit Garten und einem Hund vielleicht. Oder doch in der Großstadt, in einem tollen Loft, über den Dächern der Stadt, mit Blick auf den Fluss? Sie träumte sich einfach Stunde um Stunde in eine andere Welt. Ihre ganz eigene Welt.

Heute ist sie erwachsen. Doch die Träumerin kann nicht aufhören zu träumen. Sie geht zur Arbeit, sie liebt ihre Familie, erfreut sich an ihrem Hobby … und dennoch entgleitet sie oft der äußeren Welt.

Sich Luftschlösser bauen, auf weißen Pferden reiten und Prinzen herbeizuzaubern – das alles kann sie noch immer nicht lassen. Irgendwie träumt sie doch immer von etwas Besserem.

Getrieben von Sehnsucht und Neugier: Die Suchende

Sie war damals als Schülerin eine der ersten, die an einem Schüleraustausch teilnahm. Andere Kulturen entdecken, Menschen kennenlernen und etwas finden, das ihre innere Sehnsucht befrieden könnte, das faszinierte sie! Damals konnte sie noch nicht wissen, dass das Herz einer Suchenden in ihr schlägt.

Sie ist auch heute noch gern in fremden Ländern. Und das besondere Interesse an Neuem ist natürlich geblieben. Vielleicht arbeitet sie in der Forschung, vielleicht in einem Beruf, wo sie ständig mit verschiedenen Menschen konfrontiert wird.

Die Suchende möchte finden, und bis dahin kann sie nicht ruhen. Das Verzwickte ist nur: Jedes Mal, wenn sie vermeintlich etwas gefunden hat, reicht es schon nach kurzer Zeit nicht mehr aus, um sie glücklich zu machen. Sei es ein Mensch, ein Ort, eine neue Wohnung, ein toller neuer Job – nichts kann ihre Sehnsucht stillen. Nichts kann eine Findende aus ihr machen. Nur sie selbst könnte das.

Vorsichtig und scheu: Die Schüchterne

Mit einem bescheidenen Lächeln steht die junge Frau inmitten ihrer Kolleginnen ihrem Chef gegenüber. Die neuen Büroräume werden zugeteilt. Jede der anwesenden Bürokauffrauen des Unternehmens darf einen Wunsch zu ihrem zukünftigen Arbeitsplatz äußern. Wild schnattern die Damen durcheinander. Balgen um Arbeitszimmer und Schreibtische. Eine hat mehr Ansprüche als die andere, nur die Schüchterne bleibt stumm, hält sich im Hintergrund. Dass wahrscheinlich der ungemütlichste Arbeitsplatz für sie dabei übrig bleibt, ist nicht zu ändern.

Ähnlich sieht es in ihrem Privatleben aus. Die Schüchterne ist keine, die vorprescht. Während ihre Freundinnen bei den legendären Mädelsabenden für jeden Typen, der vorbeikommt, einen lockeren Spruch auf den Lippen haben, steigt ihr schon mal die Röte ins Gesicht. Einen Mann kennenzulernen gleicht einer fast unüberwindbaren Hürde. Sich in einer Gruppe zu behaupten, fällt ihr unglaublich schwer. Sie ist sanft, zu sanft. Sie ist leise, zu leise. Sie ist zaghaft, zu zaghaft. Mit unsicheren Schritten geht sie durchs Leben.

Eine Rucksacktour durch den Dschungel würde sie genauso wenig starten wie vor einem großen Publikum eine Ansprache halten. Die Schüchterne fühlt sich nur sicher in gewohnten Abläufen, in ihren vier Wänden oder mit einem bekannten Umfeld.

Dass sie durch ihre Zurückhaltung und ihre ängstliche Art die großen Wagnisse des Lebens, tief schlummernde Träume und Chancen auf Außergewöhnliches nicht angeht, ist anscheinend ihr Schicksal.

Von allem nur das Beste: Die Perfekte

Sie hat ein super Abitur hingelegt, dann ihr Studium in Hochgeschwindigkeit absolviert und so ganz nebenbei ihren Doktor gemacht. Dabei ist sie strahlend schön. Sie steht auf eigenen Beinen, ist eine gefragte Geschäftsfrau, selbstverständlich verheiratet, hat zwei tolle Kinder zur Welt gebracht und lebt in ihrem persönlichen Traumhaus. Eine Architektur mit dem besonderen Schick. Sehr geschmackvoll hat die Perfekte ihr Zuhause eingerichtet. Alte Schulfreundinnen könnten neidisch werden, wenn sie nicht schon damals gewusst hätten, dass sie es später perfekt haben würde. Ihr Mann: ein gefragter Manager, nicht nur optisch eine Augenweide, sondern auch geistreich und mit einer bezaubernden Ausstrahlung. Kurz: Traummann, Traumhaus, talentierte und liebenswerte Kinder – eben die perfekte Familie.

Einmal die Woche geht sie zum Yoga, zweimal die Woche joggen oder zum Fitnesstraining. Ihre Freunde wissen, dass sie eine ausgezeichnete Gastgeberin ist. Regelmäßig lädt sie Geschäftspartner und Freunde zu sich ein.

Ihr scheint einfach alles zu gelingen, was sie sich an Aufgaben vornimmt: sei es eine neue Geschäftsidee, die plötzlich in aller Munde ist, oder ein soziales Projekt, das unter ihrer Führung selbst in den Medien erscheinen wird. Ihre Kinder werden hervorragend gefördert und schließen jedes Schuljahr als Klassenbeste ab.

Sie lächelt gekonnt in den richtigen Momenten, weiß sich in Szene zu setzen und ist ein Kommunikationstalent.

Scheinbar mühelos und leicht kreiert sie sich ihr perfektes Leben. Aber ist perfekt wirklich leicht?

Immer etwas melancholisch: Die Traurige

Manche sprechen bei ihr von Melancholie, andere nennen es Tiefe, und wieder andere spüren ihre Traurigkeit.

In ihrem Leben kann alles stimmen: ein guter Beruf, ein netter Mann, vielleicht Kinder, Freunde und Hobbys. Dennoch begleitet sie ein tiefes Gefühl der Traurigkeit, unerklärlich, tief verwurzelt. Nicht immer erkennbar – lächelt sie doch gern. Sie feiert und sucht den Kontakt zu ihren Mitmenschen. Sie liebt fröhliches, ausgelassenes Beisammensein und gute Gespräche über den Sinn des Lebens.

Manchmal aber, wenn sie einen Song hört, ist sie tief berührt. Tränen fließen, und ihr Herz wird schwer. Sie fühlt den Schmerz bis in die Wurzel ihres Seins.

So gehört sie auch zu den Menschen, die bei einem traurigen Film schon mal eine ganze Packung Taschentücher verbrauchen. Sensibel, feinfühlig und empfindsam ist ihr Gemüt.

Trotz der Bereitschaft zu Heiterkeit, Geselligkeit und Nähe braucht sie immer wieder Raum für sich. Sie liebt die Menschen und das Leben, aber ein Sog unerklärlicher Kräfte zieht sie wieder und wieder in ihren Bann.

Dann gibt es diese Tage, an denen sie sich grundlos zu Hause einschließt, nicht aus dem Schlafanzug kommt und den Kopf nicht einmal unter der Bettdecke hervorschiebt.

Die Traurigkeit lähmt sie. Kein Weg führt dann hinaus, es gibt einfach kein bisschen Licht, nur Dunkelheit. Bis ein Funke Leben sie für eine Weile zurückträgt in eine fröhlichere Welt. Doch sie weiß, ihr treuester Begleiter bleibt am Ende trotzdem die Traurigkeit.

Vom Pech verfolgt: Die Leidende

Irgendwie geht bei ihr immer alles schief. So sehr sie sich auch bemüht, sie scheint das Unglück gepachtet zu haben: Gerade hat sie den lang ersehnten Traumjob in dieser großen, bekannten Firma bekommen, da bricht sie sich in der Probezeit ein Bein. Kaum zurückkehrt aus dem sechswöchigen Krankenstand, erfährt sie von der Auflösung ihrer Abteilung – aus der Traum vom neuen Job.

Meist ist die Leidende körperlich angeschlagen, müde und fühlt sich ausgebrannt. Sie gehört zu den Frauen, die in Partnerschaften oft ausgenutzt werden. Ihr Lebensgefährte hat sie bereits mehrfach betrogen, doch auch das kennt sie bereits aus früheren Partnerschaften. Einmal Leid, immer Leid.

Sie opfert sich auf und versteht die, denen es schlecht geht, besonders gut. Dass sie ihre bettlägerigen Eltern pflegt, ist selbstverständlich, dass sie einer »obdachlosen« Freundin wochenlang Unterschlupf gewährt und ihre persönlichen Wünsche dafür hintenanstellt, ist ebenso klar.

Dass die Leidende dabei aber in ihrer eigenen Not meist auf sich gestellt ist, kennt sie nur zu gut. Sie ist im Leid zu Hause.

Ein Leben für den Status: Die Wichtige

Gerade ist sie unter lautem Applaus zur Vorsitzenden des elitärsten Reitclubs der Stadt gewählt worden. Das wahrscheinlich fünfte Amt ihrer »Ich-bin-wichtig-Karriere«, genau weiß sie es allerdings nicht. Sicher ist nur, dass es bestimmt nicht das letzte bleibt.

Als Vorzeige-Mama engagiert sie sich im Schulelternrat und steht bei jeder Schulveranstaltung ganz oben auf der »Ich-bin-dabei-Liste«. Ihr ist wichtig, dass alle sehen, was für eine bedeutende Frau sie ist. Überall ganz vorn dabei.

Die Geburtstage ihrer Kinder zelebriert sie gern im großen Stil: schöner, besser und unvergesslicher als die Feiern anderer Kinder. Da wird ein Pony als Elch verkleidet vor die Kutsche gespannt, eine Eisbahn für die Kids zum Schlittschuhlaufen angelegt, und das Lagerfeuer, das sie im Winter entzündet, ist ein echter Hingucker – nicht nur für die Kleinen. Stockbrot, Marshmallows und Bratwurst kann jeder, aber ein Buffet mit allen Leckereien, die Alices' Wunderland zu bieten hat, finden Kinder nicht so oft bei einer Party.

Im Beruf geht es bei ihr ähnlich zu. Sie schmückt sich gern, zur Not auch mit fremden Federn. Sie liebt große Feste, zu denen sie wie eine Prinzessin schreiten kann. Und wenn es nur der Kartoffelball des Jungbauernverbandes ist, braucht sie doch Jahr für Jahr ein neues »Wallawalla-Kleid«.

Fragt man sie nach ihren Stärken, antwortet sie: »Wo soll ich da nur anfangen?!« Als selbst ernannte Dekorationskönigin lebt sie vorzeigewürdig.

Natürlich kann sie sich an einer Blume erfreuen. Aber Gucci, Prada und Dior geben ihr dieses tiefe Gefühl von Wichtigkeit.

Lebenslang Durchschnitt: Die Normale

Sie lebt in einem kleinen Haus mit Vorgarten. Ihr Mann verdient ganz gut. Er ist Außendienstler bei einer Firma, die medizinische Geräte verkauft. Sie haben zwei Kinder – ein Mädchen und einen Jungen. Im Sommer fährt die Familie immer ans Meer. Und manchmal fahren sie im Herbst noch in die Berge, zum Wandern. Ab und zu hilft sie bei der Caritas die Seniorennachmittage vorzubereiten und die älteren Menschen an diesem Tag zu betreuen. Sie kauft manchmal bei Rewe, aber meistens bei Aldi ein. Sie hört beim Bügeln immer Musik. Früher war sie sportlich – heute wünscht sie sich einen Gutschein fürs Fitnessstudio zu Weihnachten. Mit den Kindern radelt sie jede zweite Woche zur Großmutter. Und außerdem denkt sie darüber nach, sich einen Hund zu kaufen, so einen lieben Familienhund. Dann müsste sie ja immer Gassi gehen, und das wäre auch wie Sport machen. Ein Labrador vielleicht, oder ein Mischling aus dem Tierheim?

Einmal im Monat führt ihr Mann sie zum Essen aus, ohne Kinder. Dann macht sie sich richtig schick für ihn. Jedes zweite Mal haben sie danach Sex. Das ist nett.

Ihre Nachbarin, die ist Psychologin, hat neulich zu ihr gesagt: »Du lebst ein schönes normales Leben – genieß es!«

Aber was ist denn wirklich schön?

Und wie lautet Ihr Filmtitel?

Erkennen Sie Ihre eigenen Dramen? Haben Sie Ihren Filmtitel schon gelesen? Oder haben Sie sich bereits einen eigenen kreiert?

Sicher könnten wir die Liste dieser Filmbeispiele leicht verlängern. Jede von uns spielt in ihrem ganz persönlichen Film.

Seine eigenen Themen zu ergründen und sich selbst erst einmal einer bestimmten Rubrik zuordnen zu können, ist hilfreich bei der Selbstfindung. Dennoch geht es nicht darum, dogmatisch eine Matrix zu skizzieren, die uns übergestülpt wird. Mir ist wichtig, beweglich zu bleiben, auch im Geist. Das bedeutet, dass es nicht nur darum geht, einfach eine bestimmte Methode zu erlernen oder sich an ein bestimmtes Buch oder an die Vorgabe des Professors XY zu halten. Vielmehr finde ich es spannend, Ihnen verschiedene Ansätze zu erklären. Stellen Sie sich einfach vor, ich reiche Ihnen ein paar leckere Zutaten, und Sie können sich Ihre Suppe ganz nach Ihrem Geschmack selbst kochen, verfeinern und genießen.

Schließlich geht es am Ende um Freiheit. Ihre persönliche Freiheit. Freiheit, die etwas leichter werden lässt: in Ihrem Leben, mit Ihrer Familie und im Verständnis Ihrer eigenen Geschichte.

Also freuen Sie sich auf Ihre ganz eigene Komposition aus den Mitteln, die Sie vielleicht durch dieses Buch bekommen – oder durch andere Bücher, gute Gespräche mit interessanten Menschen und alles, was Ihnen Ihr Geist präsent hält.

Durch die Beschäftigung mit den Filmtiteln haben Sie bereits einen ersten Schritt der Selbstreflexion unternommen. Um Ihnen einen weiteren Blickwinkel zu eröffnen, möchte ich Ihnen im Folgenden die psychodynamische Charaktertypologie näherbringen. Dahinter verbirgt sich ein psychologisches Modell, das Ihnen helfen wird, sich selbst und andere besser zu verstehen.

Wer ist wer – Strukturen aus der Charaktertypologie erläutert

Immer wieder beschäftigen mich die psychodynamische Entwicklung und daraus entstehende Charakterformen. Nach den Filmtiteln möchte ich Ihnen nun einige sehr typische Charaktertypologien präsentieren. Vielleicht erkennen Sie beim Lesen, was Ihre eigenen Charakterstrukturen sind und wie diese sich entwickelt haben.

Wie bereits im Vorwort erwähnt, stellt mein Buch kein Fachbuch der Psychologie oder des Familienstellens dar. Ich nutze die genannten Sichtweisen als Mittel für die Selbstreflexion und im Umgang mit Familie und Freunden. In meiner Tätigkeit als Therapeutin dienen mir die Essenzen immer wieder, um den Klienten auf dem Weg der Erkenntnis zu unterstützen.

Meine persönlichen Erfahrungen möchte ich gern mit Ihnen teilen – und Ihnen dabei Raum lassen für Ihre eigene Kreativität. Dennoch braucht es eben ein wenig Handwerkszeug, damit Sie beginnen können, Ihr eigenes Werk zu modellieren. Und so bringe ich Ihnen neben der Sichtweise des Familienstellens (siehe ab Seite 60) auch die der Charaktertypologie näher. Das bedeutet, wir betrachten die Entwicklung eines Menschen unter Zuhilfenahme der Psychodynamik und blicken dabei auf unsere ersten prägenden sieben Jahre, beziehungsweise die daraus resultierenden Charakterstrukturen. Wer und was hat uns wie geformt? Was lehren uns die Charakterstrukturen? Wie können wir unseren heutigen Status durch das Wissen um die Struktur verbessern, für uns selbst und für unsere Mitmenschen?

Jeder der folgenden Charaktertypen entwickelt sich in einer bestimmten Lebensphase, die von einschneidenden und manchmal sogar bedrohlichen Erfahrungen geprägt sein kann. In den ersten sieben Lebensjahren sind die Eindrücke, die ein Kind in seiner Beziehung zur Mutter, zum Vater und in der Interaktion sammelt, besonders prägend und hinterlassen ihre Spuren. Durch Störungen, die in bestimmten Phasen auftreten, kommt es zu einer Kompensation, die sich als Wesenszug, als markante Verhaltensweise äußert. Hieraus formt sich dann im weiteren Heranwachsen das Charakterbild eines Menschen.

Ab Seite 119 komme ich auf diese Charaktertypen nochmals zurück – dann mit dem Schwerpunkt, über welche Stärken jeder einzelne verfügt.

Die schizoide Charakterform

Dieser Charaktertypus entsteht in der frühesten Phase des Lebens, nämlich bereits vor der Geburt und/oder innerhalb der ersten acht Lebensmonate.

Zu seinem »merkwürdigen« Verhalten wurde der Schizoide sozusagen geboren. Seine prägenden Erfahrungen hat er vor, während und nach der Geburt gemacht.

Bei ihm geht es um Urvertrauen – das Vertrauen, das er meist bereits im Uterus verloren hat. Vielleicht durch eine schwere, traurige Schwangerschaft der Mutter oder durch Komplikationen während der Geburt.

Der schizoide Typus fühlt sich allein, gejagt, nicht angenommen. Der Hang, in eine Traumwelt zu flüchten, ist bei keiner anderen Struktur so stark wie bei dieser. Es folgt ein Rückzug ins Ich.

Er trennt, je älter er wird, immer stärker Gefühl und Denken. Häufig gibt er wenig von sich preis und beschränkt sich auf das Nötigste. Der schizoide Typ ist ständig auf der Suche nach einem Zuhause, seinem Zuhause, auf der Suche nach seiner Identität und dem Sinn des Lebens. Der Tod scheint dem schizoiden Typus wesentlich näher und lebendiger als das Leben. Ein wahrlich merkwürdiger Charakter, der sich suggeriert, nur existieren zu können, wenn er keine Nähe braucht.

Der orale Typus

Das grundlegende Thema des oralen Typus liegt im Bereich der Versorgung. Im Lebensalter von etwa acht bis 24 Monaten wird diese Struktur geprägt. Die Oralen leiden unter der mangelnden Zuwendung der Eltern. Vielleicht ist die Mutter des kleinen Wesens stark eingebunden in Berufstätigkeit oder häufig krank. Vielleicht kann sie die Bedürfnisse ihres Kindes tatsächlich ignorieren, oder sie erspürt einfach nicht, was dem Kind fehlt.

Das Ergebnis bleibt jedoch immer dasselbe: Das Kind fühlt sich nicht ausreichend versorgt. Die Befriedigung seiner Bedürfnisse bleibt ihm verwehrt.

Oral kompensierter Typus

Diese Form ist ebenfalls gewachsen aus der fehlenden Bedürfnisbefriedigung des kleinen Kindes. Doch im Unterschied zum oralen Typ ist sich der Kompensierte sicher, alles am besten allein zu können. Wie ein einsamer Wolf streift er durchs Leben oder ist umgeben von einer Schar Bedürftiger, die auch noch ständig versorgt werden müssen. Abhängigkeit ist ein No-go, und der »Kampf« im

Leben verlangt eine gewisse Härte, Ausdauer und Drahtigkeit. Seine größte Angst dabei ist es, schwach zu sein und es nicht zu schaffen.

Der psychopathische Typus 1

Dieser Charakterzug entsteht ungefähr zwischen dem zweiten und vierten Lebensjahr. Viel Lust an der Macht, Raffinesse und eine Portion Sadismus sind Grundprinzipien des psychopathischen Typs. Er hat sehr früh gelernt, sich gegen Konkurrenz durchzusetzen. Vielleicht hat die Mutter ihn gewollt oder ungewollt zum Gegner des Vaters aufgebaut. Oder die Tochter wurde vom Vater zur Konkurrentin der Mutter gemacht. Menschen dieses Charaktertyps wurden als Kinder möglicherweise als Kampfmittel von ihren Eltern missbraucht, gedemütigt und herumgestoßen.

Durch die sich wiederholenden Erniedrigungen entwickelt sich – anders als beim schizoiden Typ, der in den Rückzug geht – eine regelrechte Kampfhaltung. Das Motto des psychopathischen Typus könnte lauten: »Jetzt erst recht!«

Dabei entwickelt dieser Typus schon früh eine brisante Art und Weise, seine Mitmenschen zu manipulieren. Er möchte beherrschen, kontrollieren und überlegen sein.

Der psychopathische Typus 2

Dieser Typus ist fast ausschließlich als männliches Charakterbild zu finden, er hat seinen Ursprung in der gleichen Zeit wie der eben beschriebene Typ 1. Der psychopathische Typus 2 hat jedoch wahrscheinlich in der Prägephase – also zwischen dem zweiten und vierten Lebensjahr – die (wahrscheinlich unbewusste) sexuelle

Botschaft seiner Mutter mitbekommen: Werde zu einem besseren Mann als Papa. Ein Prinz Charming, ein Retter, ein Frauenversteher wird erzogen. Auch der Typ 2 zieht in den Kampf, aber nicht auf eine so brachiale Weise, wie der erste Typus dieser Struktur das tut. Er wirkt wie ein echter Gentleman neben Rambo (Typ 1). Alles ist feiner bei ihm, angenehmer und zugewandter. Nicht nur sein Körperbau, auch sein machtorientiertes Auftreten ist gefälliger und sanfter. Das grundsätzliche Ziel des Siegens und Kontrollierens wird von ihm raffinierter und weniger offensichtlich angegangen.

Der masochistische Typus

Dieser Charaktertyp entwickelt sich um das dritte bis vierte Lebensjahr eines Kindes: Gehorsamkeit, Reinlichkeit, Leiden und Essen sind die zentralen Begriffe, die das Leben eines Masochisten ausmachen – beziehungsweise als Kind ausmachten. Aus der unterdrückten Autonomie des kleinen Menschen ist ein »gestauchtes« Wesen geworden. Oft sind Menschen mit dieser Prägung schon an ihrem fülligen Äußeren zu erkennen. Eine dicke Schutzschicht umgibt sie, entstanden durch die Überversorgung der Mutter in frühen Kinderjahren. Mama, die dann stark manipulativ wurde, als das Kind seinen eigenen Kopf entwickelte und über Wut seine Ablehnung zur Sache zum Ausdruck bringen wollte. Sätze wie »Sei jetzt lieb, sonst bekommst du nichts vom Weihnachtsmann« sind für einen masochistischen Typus nichts Fremdes. Solche Worte in Verbindung mit körperlicher Züchtigung haben das Kind dann gelehrt, dass Liebe und Anerkennung mit stetem Druck zusammenhängen. Die masochistische Charakterstruktur trägt eine mörderische Wut in sich.

Dieser Charakter kennt Leiden und kann leiden. Er sitzt seine Probleme »einfach« aus. Als Kind oft ohnmächtig, stehen diese Menschen als Erwachsene scheinbar über den Dingen, bremsen andere Menschen aus, sind Meister im Blockieren und wollen die Kontrolle behalten. Sie haben durch das Erlebte einen Instinkt für die Macht bekommen.

Schmerz bedeutet häufig Kontakt für diese Menschen, und sie können auch schlechte Zeiten, ob in Familie, bei der Arbeit oder globaler gesehen, lange aushalten. Ihr System erkennt diesen Zustand als »normal« an.

Der rigide Typus

Er ist der einzige Typus, der allein aus dem Zusammenspiel des Kindes mit seinem Vater entsteht. Die Struktur entsteht im Alter zwischen etwa vier und sieben Jahren – genau dann also, wenn das Kind sich in der Phase der Prägung durch den Vater befindet.

Dieser Typus ist unterteilt in den phallischen und den hysterischen Typ. Beide Charakterformen streben das »Gesehenwerden« durch den Vater an. Der eine will überzeugen durch Leistung. Der andere präsentiert sich auffällig – durch lautes, wildes und zuweilen schrilles Gehabe. Wobei tatsächlich der hysterische Typus meist einer Frau zuzuordnen ist und der phallische Typus eher einem Mann. Ausnahmen bestätigen allerdings die Regel.

Zugrunde liegt hier die deutliche Forderung, oft gar Überforderung des Kindes durch seinen Vater. Immer wieder werden Bestleistungen verlangt: ob in der Schule, beim Sport oder einfach im Miteinander. Meist glänzen die Kleinen dann auch schon als jüngster Pianist, jüngster Radrennfahrer oder früher Tennisheld.

Vielleicht war der Vater aber auch nicht fordernd, sondern schlichtweg abwesend. Möglicherweise war er nach einer Trennung nicht mehr ins tägliche Leben integriert – oder einfach desinteressiert am Kontakt zu seinem Kind.

Der hysterische Typus hat daraufhin einen Hang zum großen Auftritt, zur großen Bühne entwickelt. Das klassische »Papa, bitte sieh mich« ist damit entstanden.

Meistens sind rigide Menschen auch tatsächlich schön anzusehen, leistungsbereit und in einem scheinbar glücklichen Dasein in der Welt des Perfektionismus zu finden.

Und wieder ein Blick zurück: Wer ist Ihre Mutter?

Richten wir nun den Blick unter Zuhilfenahme dieses Systems auf unsere Mütter und deren Umgang mit uns: Ich habe Ihnen auch hier zur weiteren Veranschaulichung ein paar Beispielgeschichten entworfen. Ich finde, diese anschauliche Art eignet sich am besten dazu, Vergleichsmöglichkeiten zur eigenen Geschichte zu erkennen. Diesmal richten wir den Fokus auf die direkte Macht der Mutter. Die Bilder der Frauen in den folgenden Geschichten sind wieder bewusst etwas drastisch gemalt. Es ist auch wieder möglich, Kombinationen von zwei oder mehr Mütterbildern für sich zu entdecken. Ihrer Kreativität, eigene Bilder zu »zeichnen« und ein »Macht-Resümee« zu ziehen, sind keine Grenzen gesetzt. Je öfter Sie sich mit diesem System beschäftigen und danach denken, umso geläufiger und einfacher wird der Umgang damit. Sie werden Zusammenhänge schneller erfassen und sich eher aus Verstrickungen lösen können.

Am Ende einer jeden bildhaften Erzählung benenne ich das daraus resultierende Machtpotenzial. Mit der Erkenntnis hieraus sollte es uns leichter möglich sein, unseren eigenen Status weiter zu definieren.

Unser Ziel ist es ja am Ende nicht, unsere Mütter zu verurteilen. Denn auch unsere Mutter hatte eine Prägung durch ihre Mutter, ihren Vater und die Interaktion der beiden. Auch Ihre Mutter hatte also ihre Erfahrungen zu machen – das schließt für mich die große Verbundenheit und die Wirkung eines Familiensystems mit ein.

Um sich also aus Verstrickungen zu lösen und seine eigenen Muster zu erkennen, ist es unerlässlich, den Blick zurück zu richten. Die Mutter als Spiegel zum Selbst. Wir sind heute wie sie – direkt oder indirekt.

In den folgenden Beispielen habe ich also Bilder von Müttern gezeichnet – wie schon erwähnt: etwas überspitzte Bilder –, die Sie vielleicht an Ihre eigene Mutter erinnern, oder Sie erkennen zumindest Facetten von ihr wieder. Vielleicht erkennen Sie aber auch die Mutter in sich dabei und gelangen über die Erläuterung zum Machtpotenzial eines jeden Beispiels leichter zur Selbstreflexion. Mit den Beispielen werden Sie Zusammenhänge Ihrer Mutterbeziehung verstehen lernen und auch an sich als Mutter arbeiten können.

Frau Saubermann, oder: Immer schön sauber bleiben

Sie hat schon immer alles picobello sauber gehalten. Poliertes Besteck, gewienertes Parkett, eine glänzende Kloschüssel und ein fast steriles Ambiente – das alles demonstriert Frau Saubermanns Grundprinzip: Ordnung halten, sauber bleiben. Frau Saubermanns Kind muss früh lernen, sich mit dem Thema Reinlichkeit anzufreunden, und wird penibel darauf getrimmt, sich dem Dogma der Mutter zu unterwerfen. Unterwerfung ist ein weiteres wichtiges Stichwort in Frau Saubermanns Philosophie. Solange sich die lieben Kleinen anständig benehmen, ist Mutter Saubermann äußerst liebevoll, eine Übermutter. Doch sie kann auch anders!

Wahre Bedürfnisse eines Kindes werden weggefüttert. Das Kind wird im wahrsten Sinne des Wortes zugestopft. Viel Essen, fette Speisen dienen als so etwas wie ungesunde Füllmittel zum Abdichten. Kein unnötiger Output darf sich hier zeigen. Mutter S. ist eine strenge Mutter, wenn es um die Autonomie ihres Schützlings geht. Wie ein Krake kann sie ihre Tentakel in alle Richtungen ausstrecken und ihr Kind immer wieder zurückholen, maßregeln und rügen.

Das Kind unterdessen hat nur eine Chance: Aufgeben!

Der Einfluss von Frau Saubermann auf ihr Kind wird bis ins Erwachsenenalter reichen. Sie ist eine machtvolle Frau, die dominant und bestimmend über das Leben ihres Kindes wacht.

Machtpotenzial

Entdeckt das Kind eine erste Ahnung von Autonomie, ist seine Mutter schnell dabei, diese zu unterbinden: Beständiger Druck, straffe Sauberkeitsregeln, mitunter auch in Kombination mit körperlicher Züchtigung führt im Kind zur Erkenntnis, dass nur Unterwerfung einen erträglichen Kontakt zur Mutter ermöglicht.

Überfütterung und das Zuschütten echter Bedürfnisse ist eine Kernhandlung dieser Mutter. Bis heute lebt sie ihre Macht über den Wunsch nach ständiger Kontrolle des erwachsen Kindes aus. Auch hier kann es immer wieder zum alten Muster des »Überfrachtens« kommen. »Ich habe dir Kuchen gebacken!«, »Kommst du heute zum Mittagessen?«, »Die Schokolade hast du doch früher auch so gern gehabt.« …

Druck und Züchtigung haben ein neues Gewand bekommen, aber sind dennoch Machtmittel geblieben. »Lass den Mann sausen, der ist nicht gut für dich.« Oder: »Ich kläre das mal für dich! Setz dich hin, iss was, ich rufe ihn sofort an.«

Fazit: Macht durch Unterdrückung.

Barbies große Schwester, oder: Fast zu schön, um wahr zu sein

Montags bei der Maniküre, dienstags bei der Kosmetikerin, mittwochs im Solarium, donnerstags beim Yoga, freitags beim »Mega-Fatburner-ich-bin-die-Schönste-Kurs«, samstags speist sie in einem der besten Restaurants der Stadt, und sonntags führt sie ihren Chihuahua in seinem Tragetäschchen zu einem Cappuccino aus.

Diese Frau ist manchmal laut und schrill. Sie liebt es, sich zu präsentieren und lebt die Leidenschaft für Mode früh an ihrem Kind aus. Mädchen in Rosa, Jungen in Blau, der neuste Schick, die angesagtesten Trends, alles für Mutter und Kind. Sich zu stylen und mit großen Gesten in Szene zu setzen, lernt das Kind von Barbies großer Schwester ganz schnell. Es muss eben einem besonderen Namen alle Ehre machen – denn »normal« kann ja jeder. Meist hat diese Mutter künstlerische Ambitionen. Sie singt und tanzt wie eine Bühnendarstellerin, und wenn sie es nur zu Hause am Bügelbrett tut. Die vielen Gemälde an der Wand des Eigenheims stammen vorwiegend von der ambitionierten Hausherrin selbst. Diese Frau fällt auf. Gemeinsam mit ihr durch die Stadt zu gehen, bedeutet immer, viele Blicke auf sich zu ziehen und Aufmerksamkeit geschenkt zu bekommen.

Mal ein bisschen schrill, mal ein bisschen crazy, immer schön – Barbies Schwester weiß, was sie will: gesehen werden, und zwar immer.

Machtpotenzial

Nur die Schönste wird wirklich gesehen. Diese Mutter legt schon früh Wert auf das hübsche Äußere ihres Kindes. Es muss hervorstechen und ihrem Gusto, ihrer Präsenz entsprechen.

Im Kindesalter ist die Mutter-Tochter-Verbindung noch recht einfach zu leben. Mit dem Heranwachsen des Kindes allerdings steigt der Konkurrenzkampf. Eine junge Frau erblüht. Oft wird die Tochter später sogar zur Rivalin der Mutter. Der bekannte Spruch: »Spieglein, Spieglein an der Wand, wer ist die Schönste ...« kann da zum Motto werden. So entsteht für die Tochter die Diskrepanz, auf der einen Seite über das Äußere das Wohlwollen der Mutter zu erlangen, aber auf der anderen Seite auf keinen Fall schöner als diese zu sein. Die Mutter auf ihrer Bühne des Lebens zu bewundern, ohne sie übertrumpfen zu wollen, dieser Weg empfiehlt sich hier.

Zumindest für den ersten Frieden. Wer ist also makelloser, liebreizender und schöner?

Fazit: Macht ist Konkurrenz.

Frau Helfersyndrom, oder: Ich mach das für dich

Frau Helfersyndrom hat ein Gen mehr als alle anderen Frauen und Mütter, das sogenannte »Versorgungs-Gen«. Sie ist die Meisterin der Gaumenfreuden. Hinter dem Herd schwingt sie leidenschaftlich die Pfannen und Töpfe, um ihren Liebsten mit köstlichen Leckereien ihre tiefe Zuneigung zu beweisen. Sie ist eine warmherzige, kuschelige Mama und stets zur Stelle, wenn jemand in Not gerät. Nicht nur ihre Familie wird von ihr bestens versorgt. Auch Freunde, Nachbarn und Bekannte können sich glücklich schätzen, Frau Helfersyndrom zu ihrem Kreis zu zählen. Das Heim hübsch dekoriert, genießt es Mutter H., Häuslichkeit und Fürsorge auszuleben. Stricken, Töpfern und Basteln zählen selbstverständlich zu ihren vielen Fähigkeiten. Zu Weihnachten werden leckere Vanillekipferl gebacken, der Gänsebraten mit der besonderen Note kreiert und eine Festtafel hergerichtet, die unvergesslich bleibt. Mit offenen Armen empfängt sie ihre Kinder, wenn es mal ein Problem gibt. Sie ist sanftmütig, hat immer ein offenes Ohr für jeden. Leider vergisst sie sich selbst dabei zu oft. Ihr Fokus liegt auf ihren Mitmenschen und dem unbedingten Wunsch zu versorgen. Frau Helfersyndrom braucht es, gebraucht zu werden. Ihre erwachsenen Kinder haben öfter das Gefühl, aus den Kinderschuhen nicht rauswachsen zu können. Da wird gerne mal die Wohnung dekoriert oder die Wäsche professioneller gebügelt oder das Mittagessen vorgekocht. Frau Helfersyndrom ist eine Vollblutversorgerin – und sie meint es gut, manchmal eben zu gut.

Machtpotenzial

Sie ist eigentlich die perfekte Mutter. Versorgerin, Helferin und die Allzeitbereite. Wenn sie es will. Natürlich weiß sie auch um ihre Qualitäten als warmherzige kuschelige Mutter, die selbst im Alter ihrer Tochter noch die Röcke näht. Jeden Herbst gibt es wahrscheinlich einen neuen Strickschal, Design à la Mama – der Schal sollte allerdings auch getragen werden. Sie weiß schließlich, was dem Kind fehlt. Sie weiß es nämlich bis heute und ignoriert jede Nicht-Übereinstimmung geflissentlich.

Ihren Dekorationsdrang lebt sie auch gern in fremden Wohnungen aus. Sie hat diese großen Kulleraugen und meint es doch nur lieb, wenn sie sich zum zehnten Mal in einem Monat zum Kaffeetrinken anmeldet, um gleich das neue Tischgesteck aufzustellen. Nur mal kurz nach dem Rechten schauen, lautet die Devise.

Sie kann aber auch anders. Wer sie ärgert, wird einfach von der Versorgungsliste gestrichen. Dann gibt es keinen Marmorkuchen mit extra süßer Verzierung mehr! Schließlich ist sie die »Bestimmerin« über Haben und Nicht-Haben. Dann ignoriert sie einen eben und ist keine Helferin mit Herz mehr. Sie ist die Mutter und gibt den Ton an – sie ist die Chefin über das »Versorgen«, ob zu viel oder zu wenig.

Fazit: Macht durch Versorgung.

Frau Laptop, oder:
Nur noch dieses Projekt

Sie hat den Spagat zwischen Kindern und Karriere gewagt. Frau Laptop liebt ihren Beruf – und ebenso liebt sie ihre Kinder. Unter ihrem perfekten Management sind Tage, Wochen, gar Monate durchstrukturiert und bis ins kleinste Detail geplant. Sie ist erfolgreich im Beruf und stolz darauf. Frau L. liebt ihre Unabhängigkeit, verdient ihr eigenes Geld und bringt ihren Kindern schon früh bei, auf eigenen Beinen zu stehen. Den Haushalt übernimmt meist eine Haushälterin, auch Tätigkeiten wie das Keksebacken mit den Kids überlässt sie gern anderen. Sie ist praktisch veranlagt und scheint manchmal ein wenig kühl. Sie braucht den rationalen Teil in ihrem Leben, um die vielen beruflichen Projekte zu entwickeln und erfolgreich umzusetzen. Sie ist sportlich und gern in Bewegung. Sie ist Frau, aber kein Püppchen. Sie fördert ihre Kinder. Sport und Geistesentwicklung sind ihr wichtig. Mit ersten Plätzen und guten Noten können Frau Laptops Kinder zu Hause punkten. Zielstrebigkeit, Biss und Können sind Attribute, die Frau Laptop mitbringt und auch von ihren Lieben erwartet. Sie spornt schon die Kleinen an, durch Leistung zu glänzen. Und auch die großen Kinder werden mit erreichten Zielen und perfekten Arbeitsergebnissen Muttis Wohlwollen ernten.

Sie selbst ist häufig unter hoher Anspannung durch die Anforderungen ihres Berufes. Den Gemütlichkeitsfaktor für das traute Heim bringt sie nur mäßig mit ein. Eine echte Hausfrau sieht anders aus – für Frau L. steht die Arbeit immer an erster Stelle. Und bis ins hohe Alter gibt es bei ihr etwas zu schaffen und erfolgreich zu sein.

Machtpotenzial

Rechtzeitig wird das Kind darauf getrimmt, auf eigenen Beinen stehen zu können. Geschäftliches Denken in der Frühfördergruppe der Vorschulkinder würde diese Mutter als eine der Ersten befürworten. Fakten, Daten, Zahlen sind wichtige Parameter in ihrer Erfolgswelt, die zum Kosmos des Kindes wird und in der das Leistungsprinzip gilt. Ein Zeugnis unter 1,0 ist kein gutes Zeugnis.

Sie ist rational, kühl und strukturiert. Es gibt klare Regeln, an die sich ihr Kind zu halten hat. Und natürlich erwartet sie später auch beruflichen Erfolg von ihrem Kind. Nicht irgendein Job wird von ihr als Mutter akzeptiert. Mit Debatten über politische Einstellungen, erwartete Leistung und abrechenbare Erfolge wächst ihr Kind auf. Schwierig wird es, wenn das Kind plötzlich erfolgreicher wird als Frau L., wenn es die finanziell lukrativeren Projekte stemmt und sich mit Mutter messen möchte. Konkurrenz, hinter der sie zurückbleibt, ist ein No-go für sie.

Ihre Macht lebt sie über Leistungs- und Erfolgsdruck aus.

Fazit: Die mächtige Mutter gewinnt.

Frau Unnahbar, oder: Geh weg, wenn ich komme

Sie ist die eher praktisch veranlagte Frau und Mutter. Auf Außenstehende wirkt sie ein wenig kühl und distanziert. Ambitionen, sich in Elternräte und sonstige Gruppen einzubringen, hat sie nicht. Wahrscheinlich besucht sie nur jeden dritten Elternabend und ist froh, nicht in irgendwelche Aktivitäten eingebunden zu werden. Nicht, weil sie nicht könnte. Sie vermeidet nur lieber jeden unnötigen Kontakt. Man findet sie selten bis gar nicht in Sportvereinen,

Kegelclubs oder Reisegruppen. Regelmäßiges enges Beisammensein mit anderen gehört nicht zu ihren Vorlieben.

Sie erscheint wie eine Abgesandte von Stiftung Warentest. Frau Unnahbar kauft vernünftig ein: gute Qualität zum kleinen Preis. Häuslichkeit funktioniert bei ihr am besten nach Terminplan. Auch ihre Lieben können manchmal diese seltsame Kühle und Distanz spüren. Wahrscheinlich hat sie nicht viel Wert darauf gelegt, ihr Kind als Säugling zu stillen. Auch die Nähe zum Kleinkind und zum heranwachsenden Jugendlichen hat sie wohl sparsam dosiert. Kuscheleinheiten gibt es bei ihr in kleinen Dosen. Zu viel Nähe hält sie nur schwer aus. Gern zieht sie sich zurück, hat ihren eigenen Raum, in dem sie scheinbar auch in andere Welten flüchtet, im »Früher« lebt, oder in einer erträumten Zukunft, oder sich einfach in Bücher und Geschichten vertieft.

Sie ist strukturiert und stellt sich den Anforderungen des Lebens, wie es von ihr erwartet wird. Ihre Kinder bekommen gute Erklärungen darüber geliefert, wie die Dinge sind und zu sein haben. Trotz ihres vielschichtigen Wissens über Ursache und Wirkung, große Emotionen und das bunte Leben bleibt immer die Frage, ob sie tatsächlich fühlen kann, was sie so detailliert beschreibt. Manchmal wirkt sie fast fremd, und doch ist sie das Vertrauteste, was ein Kind haben kann: die Mutter.

Machtpotenzial

Nüchtern und sachlich geht sie mit den meisten Themen um – auch auftretende Probleme werden mit dem nötigen Abstand behandelt. Mit ihrer Kühle und Distanz kann sie unberührt bleiben von Dramen und großen Gefühlen. Trotz physischer Anwesenheit hat man bei ihr oft das Gefühl, dass sie in anderen Sphären schwebt. Sie ist nicht mittendrin, sondern nur dabei. Die Grundbedürfnisse des Kindes sind immer erfüllt worden, und auch das erwachsene Kind kann auf die rationale Mutter zählen. Doch zu einem überherzlichen, sehr nahen Verhältnis kommt es selten. Die Mutter bestimmt hier den Kontakt und die Intensität. Über Verweigerung der Nähe, Rückzug und Ablehnung dominiert sie das Kind, das sich nach Liebe und Verbundenheit sehnt. Große Gefühle sind ihr fremd. Das Spiel von Nähe und Distanz beherrscht sie gut. Selbst beim erwachsenen Kind erzeugt sie noch immer den Wunsch nach mehr Kontakt und Harmonie durch steten Rückzug. Oder sie wirft dem Kind ihrerseits mangelndes Entgegenkommen vor: »Du meldest dich ja gar nicht bei mir. Na, dann brauchst du mich wohl nicht mehr in deinem Leben.«

Fazit: Macht durch Kontaktkontrolle.

Frau Tombraider, oder: Du musst groß und stark werden

Sie ist eine Mutter, die scheinbar alles kann, vor allem aber kämpfen. Sie liebt Statussymbole. Gucci, Prada, Dior oder zumindest ein Krokodil auf der Brust. Natürlich kann sie Golf spielen, und wenn es die Haushaltskasse erlaubt, fährt sie im Sommer Cabrio und im Winter einen Geländewagen. Die Kinder wissen Markenkleidung zu schätzen und werden schon früh damit ausgestattet. Ihr geht es weniger um Funktionalität als um den Effekt: Frau T. möchte, dass ihre Kinder wirken. Die Geschichten in Frau Tombraiders Leben sind spannender, bunter, gefährlicher, wilder, tiefer, verrückter, lustiger, abgedrehter ... kurz: einfach besser als die aller anderen. Sie wächst mit den Erfolgen ihrer Kinder. Der Sohn, der den Ball weiter werfen kann als die anderen Jungs, ist ihrer. Das junge Mädchen, das Kreismeisterin im Tennis geworden ist, ist natürlich ihre Tochter. In den Urlaub reist sie gern weit, oder zumindest an besondere Plätze. Die Urlaubsgeschichten werden dann später – voller besonderer Anekdoten – zum Besten gegeben werden.

Ihr ist die großartige Darstellung nach außen wichtig. Kommt eine mögliche Konkurrenz ins Spiel, wird diese gefeuert. Kampf ist ein Mittel, das sie ihren Kindern schon früh an die Hand gibt, damit sie im Leben zu etwas kommen. Natürlich wird sie dabei vom erkämpften Rang des Kindes profitieren. Schwierig wird es erst, wenn die Konkurrenz innerhalb der Familie wächst und plötzlich Mutter zur Verliererin wird.

Machtpotenzial

Der Erwartungsdruck ist groß: Zeitig wird Frau T. ihrem Kind zeigen, wie es zu kämpfen und sich zu behaupten hat. Über die wachsende Stärke ihres Kindes wächst sie dann mit. Status und Erfolg spielen eine wichtige Rolle. Manipulationen gehören zu ihrem Handwerkszeug. Da gibt es oft »Wenn-dann-Sätze« und ihre eigenen Geschichten, die kaum zu übertrumpfen sind.

Sie kann alles und macht alles besser. Das Kind wird bis ins Erwachsenenalter damit zu kämpfen haben, sich mit Mutter zu messen oder ihrem persönlichen Erfolgskonzept zu entsprechen. Während der Kindheit herrschen Kampf und Manipulation: »Wenn du jetzt nicht lieb bist, dann gehen wir morgen nicht in den Zoo! Du magst doch Elefanten so gern, oder?« Später findet Mutter sicher eine altersgerechte Möglichkeit, ihrem Muster weiter folgen zu können: »Jetzt nimm doch den neuen Job an. Wenn du dich anders entscheidest, bin ich mir nicht sicher, ob ich mich dann um meinen Enkel kümmern möchte.«

Und den Hang zu Statussymbolen hat sie sich auch erhalten. Anstrengend nur, den Kampf mit dem eigenen Kind zu führen: Wer hat das bessere, interessantere und spannendere Leben?

Fazit: Macht durch ständigen Kampf und Manipulation.

Erkennen, verstehen und verändern

Wir haben einige typische Bilder gesehen – nun liegt es an uns, die richtigen Rückschlüsse zu ziehen. Was hat die Prägung unserer Mutter aus uns gemacht? Wie hat sich aus ihrem Verhalten unser Verhalten entwickelt? Haben wir uns bewusst für oder gegen ihre Sicht entschieden? Oder haben wir unbewusst ihre Haltung übernommen? Wie wirkt sich noch heute ihre Einstellung auf unser Leben aus?

Noch einmal: Es geht nicht darum, unsere Herkunft zu verurteilen, sondern es geht darum, zu erkennen, um zu verstehen – damit wir **uns** verändern können.

Den ersten wesentlichen Schritt haben wir getan. Wir haben zurückgeschaut. Zurück zu den Wurzeln – und dabei vielleicht verstanden, warum unsere Eltern dieses oder jenes mit uns so oder so gemacht haben. Auch sie haben ihre Prägung erfahren, sind geworden, wie sie sind, durch den Einfluss ihrer Herkunftsgeschichte.

Bewusst die Zukunft gestalten –
für uns und für die nächste Generation

Wir haben in die Vergangenheit geblickt – nun geht es um die Zukunft. Um unsere individuelle ebenso wie um die große gemeinsame Zukunft. Wir haben die Macht, diese Zukunft zu gestalten. Wir geben mit Herz und Verstand in die Welt, was uns wichtig erscheint. Wenn wir uns jetzt unserer Muster und Verstrickungen bewusster werden, wenn wir es schaffen, uns einzuordnen, wenn wir um unsere Ecken und Kanten wissen – meinetwegen nennen wir sie Schattenteile –, dann wissen wir auch, was wir damit an unsere Kinder weitergeben oder wie wir auf unsere Mitmenschen, unsere Familie einwirken.

Besonders wichtig ist aus meiner Sicht tatsächlich der bewusste Umgang mit unseren Kindern. Wir schreiben das Programm ihrer »Festplatte«. Wir prägen sie mit unserem Verhalten. Wir gestalten damit die Zukunft der nächsten Generation. Wir können nun lang und breit darüber philosophieren, was sein wird, wenn wir die Kette der Generationen weiter und weiter spinnen. Was für eine Welt werden wir haben, wenn die Menschen erst einmal bewusster mit sich und daraus resultierend mit ihrer Umwelt umgehen – was aber passiert ohne eigene Erkenntnisse und Handlungsveränderungen? Doch bleiben wir im Hier und Jetzt und schauen wir, was unsere Gedanken, Worte und Taten aktuell in die Welt bringen.

Ich denke, jeder sollte für sich selbst Zeit finden, sein eigenes Verhalten zu reflektieren oder in schwierigen Situationen wach zu sein, um nicht in eine Verstrickung zu geraten. Es ist gut, sich dann einen Moment Zeit zu nehmen, sein Potenzial, seine Freude und seine Interessen zu durchleuchten.

Zu wissen, was man nicht möchte, ist gut. Aber sich seiner Qualitäten bewusst zu werden und zu erkennen, wohin man tatsächlich damit möchte, ist noch besser.

Im folgenden Teil möchte ich mit Ihnen gemeinsam auf Ihre Qualitäten schauen – und damit auf das, was Tolles von Ihnen in die Welt geht. Welcher Typus sind Sie? Was macht Sie aus? Was geben Sie an Ihre Mitmenschen weiter?

In Ihnen stecken viele verschiedene Personen!

Natürlich lässt sich niemand von uns bezüglich seines Charakters in eine starre Form pressen. Wir nutzen die Einteilung in verschiedene Typen nur, um vielleicht zu erkennen, welche Strukturen wir gerade leben. Wir alle können bestimmt jede dieser Strukturen nachvollziehen und uns sicher in einer oder mehreren wiederfinden. Mal leben wir diesen Teil, mal jenen ... und dann wieder einen anderen.

Im Folgenden schauen wir nochmals auf die bereits ab Seite 98 beschriebenen Strukturen, die sich während der Prägephase in den ersten sieben Lebensjahren entwickeln – ich wähle auf den folgenden Seiten absichtlich wieder die Fachbezeichnungen der aus der Psychodynamik definierten Typen, damit Sie sie leichter zuordnen können und verinnerlichen. Nach der Beschäftigung mit den unterschiedlichen Muttertypen und Ihres jeweiligen Machtpotenzials ergibt sich so noch einmal ein neuer Blick auf die Charaktertypologie. Sicherlich werden sich nun einige Puzzleteile ineinanderfügen.

Die Charaktertypen – und ihre Stärken

Fassen wir also noch einmal die wesentlichen Strukturen aus der Charaktertypologie zusammen – jeweils mit Blick auf die Entstehungsphase der Struktur, die Art der Verletzung, die der Struktur zugrunde liegt, und einer kurzen Beschreibung zum Charaktertyp. Anschließend schauen wir außerdem auf eine letzte, neue und sehr wichtige Komponente: die Stärken der einzelnen Charaktertypen.

Der schizoide Typus

Phase
Dieser Typus wird geprägt in der taktilen Phase während der ersten acht Lebensmonate.

Die Verletzung erfolgte…
… durch Störungen in der Schwangerschaft (zum Beispiel wegen Medikamenteneinnahme, Alkoholmissbrauchs oder Tabakkonsums der werdenden Mutter, durch Unfälle mit Folgen für das Kind etc.), bei der Geburt oder in den ersten Lebensmonaten des Kindes. Ein »Schizo« (hier sind die Anführungsstriche wichtig) fühlt sich nicht angenommen, nicht willkommen und flüchtet sich durch die Angst um sein Leben oft in sein Inneres. Aus diesem Grund entwickelt er eine große Fantasiewelt.

Beschreibung
Der schizoide Typus wirkt auf andere Menschen häufig seltsam. Etwas Unnahbares, Kühles und Distanziertes geht von ihm aus. Er

hat Angst vor Nähe und große Schwierigkeiten, anderen zu vertrauen. Der schizoide Typus muss kontrollieren und hasst es, wenn ihn jemand hinters Licht führen möchte. In der Liebe ist er bisweilen schüchtern und verklemmt. Einen anderen Menschen wirklich attraktiv zu finden, und ihn dann in sein Leben zu lassen ist mühsam. Das Thema Vertrauen steht ihm wieder und wieder im Weg. Der schizoide Typ ist launisch und kann sehr wütend werden. Wobei es sein Anliegen ist, die eigenen Aggressionen im Zaum zu halten. Ständig steuert dieser Typus gegen seinen Kontrollverlust an.

Der schizoide Typ schafft es wie kein anderer zu spalten. Er teilt gerne Denken und Fühlen. Er ist der Urvater der Schwarz-Weiß-Gedanken. Er kann in einem Moment freundlich sein und im nächsten starr und kalt. Stimmungsschwankungen sind keine Seltenheit

Die richtige Ansprache für ihn zu finden ist nicht einfach. Er ist äußerst empfindlich und nimmt Nuancen wahr, die andere nicht mal erahnen. Seine Sprache ist abstrakt, und er ist ausgesprochen analytisch.

Stärken

Wenn Menschen dieses Charaktertyps die Stärken ihrer schizoiden Struktur leben, dann können sich die anderen warm anziehen: Sie sind einfach genial. Mit einem unsagbaren Fundus geistreicher Ergüsse warten diese Typen auf. Ihre Fantasie ist grenzenlos, Kreativität ihr Element. Blitzschnell und flexibel im Geist und mit feinster Beobachtungsgabe ausgestattet, gehen diese Menschen durch die Welt. Analytisch und mit sensibler Wahrnehmungsfähigkeit begegnen sie ihren Mitmenschen. Sie können geradezu verrückt erscheinen, aber auch fein beseelt, rücksichtsvoll und empfindsam sein. Sie können sich gut zurückziehen und Zeit mit sich selbst verbringen. Stille und Einsamkeit genießen sie. Sie strahlen etwas Übersinnliches in die Welt. Wenn diese Menschen die Transformation ihrer Struktur auch in der Sexualität erreichen, dann haben sie auch hier die Fähigkeit zur Ekstase. Wenn die Transformation gelingt, können diese Menschen leichter Intimität zulassen.

Der orale und der oral kompensierte Typus

Phase
In der oralen Phase im Alter von acht Monaten bis etwa zwei Jahren.

Die Verletzung erfolgte…
… durch das Gefühl von fehlender elterlicher Zuwendung. Das Kind wird daraufhin mit einem starken Mangel aufgrund von nicht erfüllten Bedürfnissen groß. Es hat fortan den Eindruck, dass es in der Welt keine Unterstützung gibt, keine Kräftigung und Energie. Vielleicht hat die Mutter das Kind zu oft weinen lassen. Vielleicht war sie durch andere Themen oder durch eigene Probleme abgelenkt, möglicherweise musste die Mutter aber auch sehr bald nach der Entbindung viel arbeiten. Oder sie war selbst krank und nicht in der Lage, es ausreichend zu versorgen. Vielleicht hat sie auch schlicht nicht gespürt, was ihrem Kind fehlte. Damit hat sie das Kind irgendwann resignieren lassen und einen dürren Ort für das kleine Wesen erschaffen. Voll Sehnsucht und Einsamkeit.

Beschreibung

Der orale Typus wirkt mit seinen häufig weit geöffneten, großen Augen und den vollen Lippen fragend und bittend zugleich. »Kannst du mich versorgen?!« steht ihm ins Gesicht geschrieben. Meist erscheint der »Orale« hungrig, mit zarten Gliedern, etwas ausgemergelt. Immer harmlos, oft gar hilflos, kommt dieser Typus daher. Diese Menschen wirken wie unschuldige Wesen, die manchmal den Eindruck machen, als seien sie kurz vorm Verhungern. Und dabei ist es nicht nur ihr Magen, der versorgt werden möchte, auch ihre Seele schreit voller Sehnsucht nach Nähe und Aufmerksamkeit. Endlich möchten sie bekommen, was ihnen als Kind verwehrt worden ist. Sie erwarten Kraft und Unterstützung von außen. Sie betteln und flehen auf ihre kindlich-unschuldige Art und sind dabei bisweilen sehr einnehmend. Doch sind sie wenig ausdauernd. Rasch geben sie ihre Ziele wieder auf und bestärken sich selbst in ihrer Unfähigkeit, etwas zu erreichen.

Genauso steht es um ihre Entscheidungsfähigkeit. Der Orale ist Meister im »Nichtwissen«. Es ist also ratsam, für ein Leben an der Seite des oralen Typus nicht nur viel Energie mitzubringen, sondern auch in der Lage zu sein, die Führung zu übernehmen.

Der kompensiert orale Typus geht – anders als der orale Typus – in seinem »Leid« und im gefühlten Mangel an Liebe und Versorgung den Weg des »einsamen Wolfes«. Anstatt zu resignieren und zusammenzubrechen, hat er sich für Selbstständigkeit und Unabhängigkeit entschieden.

Der Kompensierte kann und macht alles allein. Er ist sich sicher, dass er sich auf nichts und niemanden verlassen kann. Voller

Energie, die ab und an ausartet in schwere Hektik, nimmt er jede Hürde allein. Seine größte Angst ist es im Grunde, Hilfe zulassen oder annehmen zu müssen. Und genau das sei ihm geraten: seine tatsächliche Bedürftigkeit zu erkennen, anzunehmen und damit das Recht auf Unterstützung auch für sich in Anspruch zu nehmen.

Stärken

Die Oralen können betörend daherkommen, eine wahre Magie ausstrahlen, mit Farben und Formen, Düften und Schönheit faszinieren … Wenn sie erst einmal spüren, dass sie auf eigenen Beinen stehen können und etwas zu geben haben, sind sie bereits auf dem richtigen Weg. Dann können sie ihren Zorn über nicht bekommene Liebe leben – und sie erfahren ihrerseits, dass man Liebe auch bekommen kann, wenn man eigenständig und kraftvoll ist. Dann kann dieser Typus unendlich viel geben. Sich selbst und der Welt.

Überhaupt haben die Oralen ein Händchen für die schönen Dinge: Dekorationen überlässt man besser einem oralen als einem schizoiden Typen, der es sowieso lieber karg mag. Der Orale hingegen hat Geschmack, ein Talent für Gestaltung, viel Sinn für Ästhetik und Liebreiz.

Und nicht nur das. Mal eben ein Drei-Gänge-Menü mit feinsten Gaumenfreuden zu kreieren, fällt ihm nicht schwer. Kerzen, Tischmusik und die richtige Atmosphäre zaubert der Orale mit Leichtigkeit in den Raum. Liebevoll und fürsorglich zu sein liegt dem Oralen. Auch körperliche Nähe liegt ihm: Sein Gegenüber umschlingen, ihm mit tiefen Blicken begegnen und ihm nah bleiben, das kann dieser Typus ohne Scheu. Wenn der Orale dann noch spürt, wie viel Stärke er in sich trägt und auch leben darf, versorgt er seine Lieben umso besser.

Der psychopathische Typus – Typ 1 und Typ 2

Phase

In der sogenannten analen Phase zwischen dem dritten und vierten Lebensjahr.

Die Verletzung erfolgte…

… durch die erlebte Manipulation in der Phase der kindlichen Autonomieentwicklung. Dieser Typus tritt als Typ 1 und Typ 2 auf (siehe auch Seite 101 f.). Beim Typ 2 spielt oft auch ein sexuell verführender Elternteil eine Rolle. Durch diese Verletzung entwickelt sich der extreme Kampfgeist des psychopathischen Typus. Klein gehalten, erniedrigt und herumgestoßen, kennt es dieser Charaktertyp, von seinen Eltern als Kampfmittel missbraucht zu werden. Bei den Jungen ist es häufig der Einfluss der Mutter, die ihn als besseren Mann erzieht, so lernt er früh in den Konkurrenzkampf mit dem Vater zu gehen.

Bereits im Kindesalter sind die wachsende Raffinesse und der Jähzorn des Kindes unübersehbar. Das Kind entwickelt regelrechte Hassgefühle. Es will fortan selbst bestimmen, kontrollieren und stets gewinnen.

Beschreibung

Menschen dieses Charaktertyps sind oft schön, stark und mutig. Eine edle »Verpackung«, eine große, starke Hülle. Leider hält der

Inhalt nur selten, was die Hülle verspricht. Der Typ 1 gehört zur Fraktion »Türsteher«, Rambo, »Ich haue sie alle weg«. Typ 2 geht feinfühliger und listiger vor. Er ist ein Charmeur und Redner, ein Schmeichler und Geschichtenerzähler, aber im Grunde genauso unecht wie sein »Bruder«, der Typ 1.

Siegen will dieser Charaktertypus um jeden Preis. Diese Menschen haben einen Drang zur Macht und lieben es, zu kontrollieren. Schwäche zeigen, verletzlich sein – das ist die Angst hinter der aufgepumpten Fassade. Typ 2 ist oft ein wahres Chamäleon und stets in der Lage, sich seinem Gegenüber anzupassen, um dann die Führung zu übernehmen. Gerissen und voller genialer Schachzüge der Manipulation.

Typ 1 löst das meist direkter: Er schlägt einfach auf den Tisch und zeigt deutlich, wo der Hammer hängt. Am liebsten sind die psychopathischen Typen Helden: ob Batman, Superman, schwarzer Ritter oder einfach der Prinz auf dem Schimmel. Sie erzählen Geschichten und nehmen es mit der Wahrheit nicht so genau. Streng genommen haben sie ihre eigene Wahrheit, und die leben sie auch. Treue ist für den psychopathischen Typus ein dehnbarer Begriff, die Hierarchien in einer Partnerschaft sind für ihn klar definiert: Er will bewundert werden, und das immer und überall. Von diesem Typus sollte man einfach nicht zu viel erwarten, damit die Enttäuschung nicht zu mächtig wird.

Stärken

Der »Psychopath« fällt auf. Er ist meist mit einem kraftvollem Körper ausgestattet. Typ 2 wirkt meist etwas ästhetischer – und hat dieses charmante Lächeln auf den Lippen.

Kommunikation ist eine seiner Stärken. Er kann sich darstellen, Menschen beeindrucken und führen. Er weiß, was er will, und sein Ziel lässt er bis zum Erreichen selten aus den Augen. Zur Not ändert er einfach das Ziel und erklärt jedem wirklich glaubhaft, dass das schon immer das eigentliche Ziel gewesen sei.

Er kann sich einfühlen in seine Mitmenschen und ist häufig in Führungspositionen zu finden. Wettkämpfe nimmt er gern auf sich – meist gewinnt er sie. Er ist der geborene Siegertyp, zumindest schafft er es, sogar aus einer Niederlage noch einen »Sieg« zu machen. Um ein paar Worte mehr in großen Runden ist er nicht verlegen, und auf Partys ist er ein gern gesehener Gast. Mit einem Typ 1 hat man seinen persönlichen Bodyguard gefunden, seine breiten Schultern, die gestählten Arme und sein Blick, der gleichzeitig töten und verführen kann, sorgen für den nötigen Abstand aufdringlicher Mitmenschen. Der Typ 2 hingegen ist ein immer charmanter Begleiter, der lebendig seine Erzählungen in die Welt gibt und Menschen begeistert mitreißen kann.

Der masochistische Typus

Phase
Diese Struktur entwickelt sich in der späten analen Phase zwischen dem dritten und vierten Lebensjahr.

Die Verletzung erfolgte…
… durch die starke Unterdrückung der ersten kindlichen Autonomiebestrebungen, teilweise mit körperlicher Züchtigung. Oft bildet sich diese Struktur durch starke Manipulation aus, ähnlich wie

der psychopathische Typus. Darüber hinaus wird allerdings großer Wert auf die Reinlichkeitserziehung, auf Tischmanieren und die Schlafenszeit gelegt. Dem Kind wird kein Spielraum gelassen. Es kommt zu einem Wechselspiel von Züchtigung und Überfütterung. »Erziehungsprinzip« ist, das Kind zuzuschütten, zu überhäufen, um bei der kleinsten Regung selbstständigen Handelns tatkräftig einzugreifen. Als Konsequenz ist das Kind mörderisch wütend, schließt aber seine gesamte Wut in seinen Kern ein, ohnmächtig, umgeben von einer dicken Schutzschicht, marschiert es fortan in die Welt. Der masochistische Typ kennt sich nun bestens aus mit Demütigung, Versagen und Leid.

Beschreibung

Die masochistische Struktur ist leidvoll. Stark unterdrückt hat der masochistische Typ seinen Panzer wachsen lassen. Nicht wenige von ihnen sind wohlbeleibt, also tatsächlich mit einer »Schutzhülle« versehen. Sie haben etwas Gemütliches und sind gleichzeitig Meister der Blockade. Wenn irgendjemand andere Menschen auf Regelwerke hinweisen kann, dann der masochistische Typ. Schließlich hat er gelernt, ordentlich am Tisch zu sitzen, aufzuessen und pünktlich ins Bett zu gehen. Leider wurden in ihm jegliche eigene Impulse im Keim erstickt, sodass er angefangen hat, seine Impulse und damit sich selbst abzulehnen. Seine Handlungen grenzen manchmal an Folter. Er quält sich selbst. Der masochistische Typ meint es nur oberflächlich betrachtet gut mit anderen. Denn zum einen hat er durch die Züchtigung (Unterdrückung) in seiner Kindheit gelernt, dass Kontakt etwas mit Auseinandersetzung zu tun hat. Zum anderen gehört der masochistische Typ leider zu der

Sorte Mensch, der dir voller Enthusiasmus, um dir zu gefallen, deine vollen Einkaufstüten abnimmt, und sie im nächsten Augenblick aus Versehen auf den Boden fallen lässt, sodass alles entzweigeht. Masochistische Typen brauchen die ständige Bestätigung ihrer eigenen Unfähigkeit, damit ihre Minderwertigkeitskomplexe ausreichend gefüttert werden.

Leider trägt der masochistische Typ bei allem ein großes inneres »Nein« mit sich herum. »Nein« zu seinen Mitmenschen, »Nein« zu seinem Leben, »Nein« zu sich selbst.

Stärken

Wenn eine Struktur Leid ertragen und aushalten kann, dann die masochistische: Der masochistische Typ ist gerüstet für die schlechten Zeiten, und das im wahrsten Sinne des Wortes. Damit kennt er sich aus.

Er liebt Familie und ist auch hier imstande, Streit und Auseinandersetzungen über längere Zeit auszuhalten. Ein masochistischer Typ trennt sich nicht so schnell. Als Zuhörer und Freund für schlechte Tage ist er bestens geeignet, denn wenn es anderen schlecht geht, kann der masochistische Typ punkten: Er kennt schließlich die Empfindung, sich klein, gedemütigt und unterdrückt zu fühlen. Mit Rat und Tat kann er dann zur Seite stehen. Der masochistische Typ ist geduldig und solidarisch mit Familie, Freunden und auch im Beruf. Er hat sogar einen Instinkt, der ihn an die Spitze bringen kann. Macht ist ihm nicht fremd, und sie selbst zu leben wohnt ihm inne.

Mit Häuslichkeit, Hilfsbereitschaft und Gemütlichkeit punktet der masochistische Typ immer wieder. Im transformierten Zustand ist er ein reicher Spender, der in Fülle lebt und auch gern gibt. Diese Struktur ist dann liebevoll, loyal und ausdauernd. Ein treuer Partner und Freund auf allen Wegen.

Der rigide Typus – phallisch und hysterisch

Phase

In der ödipalen Phase zwischen dem vierten und siebenten Lebensjahr entwickelt sich dieser Typus.

Die Verletzung erfolgte…

… in der Beziehung zum Vater. Der rigide Typus, ob phallisch oder hysterisch, ist damit die einzige Struktur, die sich in ihrer Entstehung und Entfaltung allein am Vater orientiert hat. Dieser Charakterstruktur liegt die mangelnde oder »besondere« Vaterenergie zugrunde.

Beim phallischen Typus handelt es sich um den auf Erfolg geprägten Charakter. Ein noch so gutes Zeugnis war dem Vater nicht gut genug. Oder das Kind wurde früh zu einem Sportprofi getrimmt und glänzte dann für den Vater. Bei diesem Typus geht es um Leistung. Ohne Leistung gibt es nicht die gewünschte Anerkennung und Aufmerksamkeit.

Der hysterische Typus ist vorwiegend unter Frauen zu finden, wobei natürlich Ausnahmen die Regel bestätigen. Hier handelt es sich um die lauten, oft schrillen, stark geschminkten Mädchen, die schon früh eine Karriere als Model oder Schauspielerin hinlegen wollen. »Papa-bitte-sieh-mich!«-Kinder, die ihren Vater in dieser Phase vielleicht aus Trennungsgründen verloren haben. Oder es sind die Kinder eines sehr beschäftigten oder eines desinteressierten Vaters. Auf jeden Fall leben sie nach dem Motto »Ich will um jeden Preis gesehen werden«.

Das Resümee ist für den phallischen Typus: Liebe durch Leistung. Für den hysterischen Typus: Liebe durch Lärm.

Beschreibung

Der phallische Typus ist kraftvoll, anmutig und ästhetisch. Mehr als andere Strukturen wirken die Rigiden durch ihre Äußerlichkeiten. Der hysterische Typus kommt mit seiner Schönheit und den weiblichen Attributen daher, leider manchmal etwas zu glatt, zu geschminkt, fast leblos erscheinend.

Die Rigiden haben tatsächlich eine gewisse Ausstrahlung, die eine Geschichte von ihrem gebrochenen Herzen erzählen möchte.

Bei all ihrer Leistungsbereitschaft, ihrer bisweilen überdimensionalen Betriebsamkeit, ihrer großen Power, die sie in die Welt geben, sind sie ihrem Herzen doch sehr nah, und das trägt einen alten Schmerz.

Der hysterische Typus ist bei allem oft zu laut, mit zu großen Gesten, zu aufgesetztem Erscheinen. Manchmal wie ein kleines Mädchen, das sich selbst um jeden Preis »verkauft« für ein wenig Aufmerksamkeit. Aus jeder Mücke wird ein Elefant gemacht, alles ausgeschmückt, um nur interessant genug zu sein.

Der phallische Typus dagegen nimmt jede Fortbildung mit, jeden Geschäftsanlass und jede Überstunde, um mit seiner Leistung und Präsenz zu brillieren.

Beide machen nach außen den Eindruck eines felsenfesten Selbstwertgefühls. Sie sind schön, stark, häufig klug und gebildet, und fast notwendigerweise erfolgreich. Und meistens bleiben sie in ihrer untransformierten Struktur bis zum bitteren Ende. Sie laufen mutig über die Spitze des Berges direkt in den Abgrund. Dort merkt der Rigide vielleicht, in seiner letzten Sekunde, dass er in seinem Leben doch etwas anderes hätte machen wollen.

Stärken

Der Rigide will etwas leisten. Hochmotiviert und immer bereit, unterstützend zu sein. Mit seinem Fleiß und seiner Power wird er sogar dann Erfolge bringen, wenn die Aufgabe nicht in sein Spezialgebiet fällt. Der phallische Typus bringt Ausdauer, Tatkraft und Verantwortungsbewusstsein mit. Er ist vielseitig, unternehmungslustig und sehr loyal. Er ist nicht nur gut in dem, was er tut, sondern auch geschwind. Was er sich vornimmt, wird zum Erfolg. Dazu ist er ein toller Versorger für die Familie und für seine Mitmenschen ein wertvoller Unterstützer.

Auch der hysterische Typus hat viel zu bieten: Diese Menschen sind spontan, kreativ, wirken lebendig und liebevoll. Eine Portion Mütterlichkeit gepaart mit ihrer Attraktivität macht sie zu einem Vorzeigeobjekt auf vielen Ebenen. Manchmal ist ihr schrilles Auftreten oder ihr kindlicher Charme sogar das Besondere an ihnen, eben »das Salz in der Suppe«.

Hysteriker sorgen für die nötige Aufregung im Leben. Die rigide Struktur ist vorteilhaft, wenn man seinen eigenen Ruhepol gefunden hat. Dann kann der »rigide Sturm« sehr erfrischend daherkommen. Langeweile gibt es nicht. Und das Leben bleibt ein großes Projekt unter vielen.

Das bin ICH

Sich seiner Verletzungen, seiner Struktur und auch seiner Stärken bewusst zu werden, ist nicht nur befreiend, weil man plötzlich das Gefühl hat, sich selbst und seine Verhaltensweisen zu verstehen, vielmehr noch: Man kann wesentlich besser für sich selbst einstehen und muss nicht mehr unnötig »um sich hauen«.

Indem wir unsere Qualitäten erkennen oder zumindest die Wesenszüge, die wir in positive Eigenschaften transformieren können, sind wir uns wieder ein Stück nähergekommen. Wir wissen nicht nur, wo der mögliche Ursprung unserer Eigenheiten zu finden ist, sondern können beginnen, zu reflektieren und bewusster unsere Potenziale leben. Wir können uns entscheiden, welchen Teil unseres Selbst wir intensiv beziehungsweise beabsichtigt leben wollen. Das bedeutet: Warum nicht einmal den oralen, versorgenden Teil in sich zelebrieren und ein tolles Abendessen bei Kerzenschein für einen lieben Menschen kreieren? Sich dem Genuss hingeben und sich über seine Qualität im Klaren sein? Oder die nächsten Überstunden in der Firma gern machen, in dem Wissen um die eigene Begabung? Vielleicht aber auch ganz bewusst die Mehrarbeit ablehnen, weil Sie wissen, dass Ihr Chef nicht Ihr Vater ist?

Sie müssen nichts und niemandem mehr etwas beweisen. Vielleicht lehnen Sie die nächste Partyeinladung einfach mal ab, weil Sie Stille vorziehen und Menschenansammlungen grauenvoll finden. Sie müssen schließlich niemandem gefallen. Sich selbst treu zu bleiben ist wesentlich wertvoller. Und wenn Sie das nächste Projekt anstreben, überlegen Sie dreimal, ob Sie es von Herzen wünschen oder ob Sie damit lediglich einem alten Muster folgen. Mit dem Wissen um die eigenen Strukturen und deren Hintergründe wird es leichter, die eigene Kraft zu entfalten.

Jetzt haben Sie die Macht.

Lösung ist einfach

Unter Berücksichtigung der beiden beschriebenen Wirkungsfelder – systemischer Ordnung und Charaktertypologie – werde ich Ihnen über die folgenden Kapitel immer wieder Fallbeispiele erläutern, damit Ihnen diese Sichtweisen vertrauter werden. Versuchen Sie zu reflektieren: Wo erkennen Sie sich? Wo vielleicht Ihren Partner, wo Familienmitglieder?

Schließlich ist es doch unser Ziel, Verstrickungen zu erkennen und zu lösen, die eigene Kraft zu leben und persönliche Freiheit zu erlangen. Und letztendlich ist es sehr einfach: Das Lösen beginnt bereits mit der Erkenntnis. Und wenn Sie dann das DAVI-Prinzip (siehe Seite 53) nutzen, werden Sie sich befreien können.

Das Leben darf leicht sein.

Wenn Sie tiefer eintauchen möchten in die einzelnen Bereiche, die wir hier gemeinsam berühren, finden Sie im Anhang einige Buchtipps als Empfehlung (siehe ab Seite 254).

Vom Frosch zum Prinzen:
Betrachtung
unseres Partners

Nachdem Sie sich nun intensiv mit sich selbst und Ihren Wurzeln auseinandergesetzt haben, richten Sie den Blick auf Ihren Partner: Wahrscheinlich ist er der Mensch an Ihrer Seite, der Sie am besten kennt. Mit dem Sie die meiste Freizeit verbringen und der Sie auf dem Weg Ihrer Entwicklung unterstützt, ob bewusst oder unbewusst.

Leider kommt es gerade auch durch die Nähe, die man mit einem Partner teilt, immer wieder mal zu Konflikten, Diskussionen, Streitereien und Stress. Ablehnung stört dann die Verbindung. Muster, die sich im Umgang miteinander wiederholen, zeigen sich – wieder und wieder. Manchmal erkennen wir sie bei uns selbst oder bei unserem Partner. Durch Eigenheiten, gegensätzliche Vorstellungen vom Sein oder aus gefühlt »heiterem« Himmel entstehen Debatten, die die Anmut des Beisammenseins erschweren.

Dann ist es nicht mehr leicht. Dann sind wir nicht mehr »frei«-willig miteinander verbunden.

Und darum geht es uns doch immer noch: Leichtigkeit und Freiheit des Daseins.

Beziehungen sind Lösungsversuche

Betrachten wir das Zusammenspiel zweier Menschen in einer Lebensgemeinschaft einmal mit ein wenig Abstand. Dann sehen wir zwei Individuen, die beide geprägt durch ihre Wurzeln, aus der psychodynamischen Sichtweise einem bestimmten Typus entsprechen (natürlich finden wir uns in mehr als einem Typus wieder, dennoch überwiegt eine Form als sogenannte Grundform). Und dabei gibt es leider tatsächlich Charakterformen, die nicht miteinander harmonieren – wir können uns noch so in die blauen Augen des Partners verguckt haben, wenn die »Prägung« uns danach einen Strich durch die Rechnung macht, wird es problematisch. Ich möchte nicht ausschließen, dass Paare, die sich ihrer psychologischen Hintergründe bewusst werden und ihre Schattenseiten in Stärken verwandeln, eine Chance auf ein gutes Miteinander haben. Wir können uns aber auch gut vorstellen, dass wir unser Paar-Puzzle recht schnell völlig zerstören können, wenn wir versuchen, gewaltsam zwei Puzzleteile zusammenzufügen, die einfach nicht ineinanderpassen.

Eine weitere Herausforderung für Paare: Es kommt in Partnerschaften häufig zu unbewussten Verwechslungen – der Partner wird zu einem »Stellvertreter«. Lassen Sie mich das kurz mit Hilfe der systemischen Ordnung erklären: In unserer Ursprungsfamilie haben wir über viele Jahre gelernt, einen Platz im Familiensystem einzunehmen, der vielleicht nicht unserem Platz entsprach. Diese Fehlpositionierung tragen wir genauso weiter wie unser Partner vielleicht seine Zeiten als »Fehlbesetzung«. So agiert dann in einer Beziehung fatalerweise plötzlich ein Partner als Mutter oder Vater des anderen! *Doch Sie sind nicht die Mutter Ihres Partners, Sie sind nur eine Frau. Auch der Mann ist nicht die Mutter seiner Partnerin und nicht ihr Vater, er ist nur ein Mann.*

Allerdings liegt es oft auch an unseren unbewussten Botschaften, die unserem Lebensgefährten falsche Signale übermitteln und damit eine Verstrickung im Zusammensein hervorrufen. Oder im Umkehrschluss empfangen wir Botschaften, die wir in den falschen Kanal bekommen und uns davon beleidigt fühlen. Oder unser Partner richtet unbewusst eine Ansprache an uns, die wiederum nicht für uns bestimmt sein kann.

Ich möchte Ihnen hierzu aber lieber ein paar nachvollziehbare Fallbeispiele skizzieren, bevor es zu theoretisch wird.

Mann, oh Mann ...

Betrachten wir nun einige männliche Charaktere, so wie wir bereits Beispiele von Frauen und Müttern angesehen haben. Erkennen Sie die Prägungen Ihres Partners und Ihre eigene – und die Möglichkeit, miteinander auf der richtigen Ebene in den Dialog zu kommen.

Wie passen die Puzzleteile ineinander?

Herr Terminator

Wo er hintritt, da wächst kein Gras mehr. Zumindest ist das sein Plan. Herr Terminator kämpft gern und viel. Oft ist er von großer und imposanter Statur, ein Mann mit gestählten Muskeln und breiten Schultern. Er will gern regieren, kontrollieren und überlegen sein. Meist wirkt Herr T. stärker, schöner und intelligenter, als er tatsächlich ist. Er ist eine Art Mogelpackung – und er beherrscht das Spiel der Manipulation wie kein anderer.

In seiner Freizeit geht er vielleicht gern boxen, auf jeden Fall liebt er es, bewundert zu werden. Herr Terminator ist ein geselliger Partygänger, der auf jedem Fest der Mann im Mittelpunkt ist. Natürlich sagt er auch zu Hause gern, wo es langgeht. Leider ist ein Herr Terminator im Haus nicht der verlässlichste Mann, den eine Frau sich vorstellen kann: Er verspricht viel und hält wenig. Nähe mit diesem Mann zu teilen ist nur möglich, wenn die Hierarchie »er oben, sie unten« klar eingehalten wird. Intimitäten laufen bei ihm häufig unter der Rubrik »Machtvolles« ab. Er ist ein Kämpfer und will gewinnen, und das auch im Bett. Warum? Klar, weil der Bessere gewinnt.

Er fühlt sich im Chefsessel einer großen Firma sehr wohl oder besticht mit seiner Präsenz in der Politik. Mit viel Schein daherzukommen liegt ihm: Große Aufgaben nur für den Großen. Schwäche zeigen, Verletzlichkeit und Traurigkeit demonstrieren, das wird es bei ihm nicht geben. Er hat gelernt, dass nur die Harten weiterkommen, die Schwachen werden ausgenutzt.

Herr Terminator ist gern der Retter und Held für seine Mitmenschen, er sorgt für andere und braucht scheinbar niemanden, der sich um ihn kümmert.

Konfliktpotenzial

Da seine ersten Autonomiebestrebungen in der frühen Kindheit durch Manipulation und Unterdrückung stark eingeschränkt wurden, lebt er heute vorsätzlich seine kraftvolle Seite. Er ist im ständigen Kampfmodus unterwegs. Alles und jeder, der sich ihm in den Weg stellt, wird plattgemacht. Die Mechanismen der Manipulation, die er als Kind am eigenen Leib erfahren hat, verwendet er heute selbst, um voranzukommen. Tiefe, echte Nähe zu einer Partnerin kann er nur schwer zulassen. Er möchte lieber bewundert und respektiert werden, als über Liebe zu säuseln.

Wenn nun also eine Frau ähnliche Prägungen erfahren hat und selbst eine Art Kämpferin ist, liegt das Konfliktpotenzial der beiden klar auf der Hand. Wie zwei Kampfhunde werden sie sich ineinander verbeißen und nicht mehr voneinander ablassen.

Lösungsmöglichkeiten

Um mit diesem Typus eine friedliche Partnerschaft zu pflegen, empfiehlt es sich, die Rangordnung einzuhalten. Am besten erläutert man ihm nicht direkt, dass man sein »Spiel« durchschaut hat, sondern spielt einfach so lange mit, wie es eben Spaß macht, bewundert ihn ein Stück weit und achtet ihn.

Seine unterdrückte Wut, die er aus alten Tagen in sich trägt, gilt es für ihn zu erkennen und anzunehmen. Erneutes »Achtung« für die Frau an seiner Seite: Wenn es zu der unbewussten Verwechslung von Partnerin und Mutter kommt, geht es darum, nicht in die Rolle der manipulativen, unterdrückenden Mutter zu gleiten und den Partner dann beispielweise in Auseinandersetzungen zu bevormunden. Keine leichte Aufgabe für die Partnerin, sich mit einem gesunden Abstand und vielleicht »Vorschusslorbeeren« (er mag es sehr, anerkannt zu werden) aus einem Konflikt heraus und hin zu einem Dialog zu bewegen. Wenn Sie ihm Aufmerksamkeit und »Bewunderung« schenken, tut ihm das gut. Sanftheit und Zurückhaltung in Konflikten lohnt sich. Lieber in einer ruhigeren, entspannten Situation das Gespräch über ein Problem erneut angehen, aber Vorsicht: Er kocht schnell hoch. Hier ist Fingerspitzengefühl gefragt. Und es ist ganz wunderbar, wenn Sie vereint mit ihm seine Stärke und Kampfeslust transformieren beziehungsweise einen gemeinsamen Fokus finden, also in die gleiche Richtung schauen. Dann kämpft er für Sie an Ihrer Seite – wie ein wahrer Held und Retter.

Herr Wohlgenährt

Wie sein Name bereits verrät, umgibt ihn eine gute Portion Hüftspeck, sein persönlicher Schutzpanzer. Sein Hals ist kurz und starr. Herr W. ist gemütlich. Er liebt es, viel und gut zu essen, und mag entspannte Stunden auf dem Sofa. Er hat oft so etwas Trauriges, Melancholisches im Blick. Bewegung würde ihm guttun, denn sein Gesundheitszustand ist nicht unbedingt immer der beste. Er kann sehr mitfühlend sein und geduldig. Geduldig vor allem.

Herr Wohlgenährt wirkt manchmal, als schleppe er sich durchs Leben und hätte den Rucksack voller Schuld geladen. Tatsächlich gehört er auch zu der Gattung »Fettnäpfchentreter«. Wenn jemandem in Serie etwas schieflaufen kann, dann ihm. Die Misserfolge des Herrn W. zählen zu seinen auffallendsten Merkmalen. Das hat mit seiner Prägung zu tun. Das Minderwertigkeitsgefühl, das er durch Mutter und Vater in seinem System trägt, wird unbewusst wieder und wieder abgerufen beziehungsweise bestätigt, indem die Dinge eben regelmäßig schiefgehen. Im Grunde kann man mit Herrn W. Mitleid haben.

Er kann aber auch anders. Seine Spezialität ist das Blockieren.

139

Meist arbeitet er in Positionen, in denen er sich im Blockieren ausleben kann. Als Beamter am Schalter kann er die Menschen darauf hinweisen, sich ordnungsgemäß anzustellen oder eine Nummer zu ziehen. Er hält das System im Takt, und zwar in seinem. Vielleicht ist er aber auch in einer großen Firma die rechte Hand des Chefs. Bis zu diesem Chef werden dann die wenigsten durchkommen … Schließlich ist er ein Meister darin, das Tempo zu drosseln. Außerdem entgeht niemand seiner Kontrolle.

Herr W. ist ein Familienmensch und eine treue Seele. Für eine Partnerin ist er eher der liebe Kumpel als der heißblütige Liebhaber.

Er hält sehr viel aus. Stress und Ärger lässt er an sich abperlen. Sich wiederholende Konflikte können ihm nichts anhaben. Er bleibt. Außerdem kann er seine angestauten Aggressionen, wenn es zum Krach kommt, zumindest mal in einer Light-Version raushauen. Er kann aushalten, was ihm entgegengefeuert wird, und wenn es doch einmal allzu hart wird, kann er auch mal etwas hinterhältig werden – aber im Grunde möchte er mit seiner Partnerin doch durch dick und dünn gehen.

Konfliktpotenzial

Gegen die extreme Unterdrückung in der Prägephase in Form von Manipulation und auch körperlicher Züchtigung trägt er seine dicke Schutzschicht. Sein Selbstbewusstsein wurde klein gehalten, und durch das erzwungene Einhalten strenger Regeln zum Thema Reinlichkeitserziehung und Ernährung (auch in Form von Überfütterung) kennt er sich bestens aus mit unbeugsam gehaltenen Ordnungen. Ihn zu hetzen und zu drängen bringt ihn allerdings in Rage. Diese Rage lebt er auf seine Art aus: Wenn überhaupt

Wut laut werden darf, dann nur halblaut. Seine Strategie lautet: BLOCKIEREN. Er wirft den Anker aus, setzt ein »Nein« und sitzt das Problem einfach aus. Im Grunde spürt man seine schlummernden Aggressionen, seine Wut, seine Verletztheit, doch ihm mit Gebrüll und Gezappel einen Spiegel vorzuhalten, nutzt rein gar nichts. Sein System erkennt den Schmerz einer solchen Auseinandersetzung als Kontakt an. So hat er es in seiner Kindheit erfahren. Dieser Typus kann sein Gegenüber mit seiner »Dickfelligkeit« durchaus wahnsinnig machen.

Mitleid empfängt er gern, und dass er sich heimlich ein bisschen daran ergötzt, wenn es anderen schlecht geht, wird er nicht artikulieren.

Lösungsmöglichkeiten

Um mit ihm in Einklang zu kommen, gilt es sein Tempo anzunehmen oder noch langsamer zu sein als er – aber dabei dennoch nicht passiv zu wirken. Er braucht das Gefühl, eine wirkliche Vertraute zu haben. Eine wahre Freundin, dann ist er auch ein wahrer Freund. Für diesen Mann benötigt eine Frau viel Geduld.

Um einer Verwechslung mit der Mutter vorzubeugen, ist es wichtig, dem Mann nicht mit Unterdrückung und starker Gegenwehr zu begegnen. Wenn »frau« ihn beispielsweise massiv zu Aktivitäten überreden will, die er ablehnt, oder von ihm im Haushalt zu viel verlangt, ihn beschimpft und mit Druck begegnet, beginnt er zu brodeln und wird früher oder später explodieren. Diese Explosion wird keine kleine sein. Besser ist es, aus der Ruhe und abwartend auf ihn zuzugehen.

Herr Cyberspace

Er liebt seinen Laptop, das World Wide Web, seine Computerspiele … und er schaut sich gern Psychofilme an. Herr C. trägt gern dunkle Kleidung und hält Deko für unnützes Zeug. Viele finden ihn seltsam, weil er mit seiner kühlen Art und dem geringen Interesse an Geselligem etwas Unnahbares aussendet.

Er genießt seine Freiheit, und man sollte ihn besser nicht einsperren wollen. Herr Cyberspace ist sehr sensibel (sensitiv) und ist aufmerksam an Stellen, die sonst kaum jemand wahrnimmt. Er ist klug und ein echter Stratege. Es ist ratsam, ihn immer wieder in seine eigenen Welten ziehen zu lassen. Er hat ein sehr lebendiges Innenleben – lebendiger, als er nach außen erscheint. Besonders erwacht er beim Thema Tod. Damit kann er sich gut und intensiv auseinandersetzen. Herr C. ist gern allein und hat Schwierigkeiten, überhaupt Vertrauen zu entwickeln.

Wahrscheinlich ist er ein super Programmierer in einer großen Computerfirma. Er ist kein Mann vieler Worte, und auch Liebesfloskeln sind nicht sein Ding. Mit ihm kann eine Frau wunderbar eine Fernbeziehung führen, auch das Thema Nähe ist nämlich nicht sein Ding. Sich auf eine Partnerschaft einzulassen, fällt ihm sehr schwer. Er hat nicht gelernt, willkommen zu sein, und traut erst einmal niemandem über den Weg. Seine Angst, abgewiesen zu werden, ist zu groß. Er ist Meister darin, das Denken und das Fühlen voneinander zu trennen. Überhaupt kann er sehr gut in Schwarz und Weiß teilen. In Gut und Böse. Er kann sich als genial empfinden und gleichzeitig sicher sein, dass er seine Minderwertigkeitskomplexe nie wieder loswird. In der Begegnung kann er wie ein banges, unbändiges Tier daherkommen.

Liebevoll und geduldig gilt es ihm zu begegnen. Und ehrlich. Ehrlich vor allem, denn ihn kann man nicht hinters Licht führen, er lebt schließlich im Dunkeln. Vertrauen zu pflegen, zu stärken, und nicht zu enttäuschen, das ist sehr wichtig als Partnerin an seiner Seite. Nähe zu schenken, ihn aber gleichzeitig damit nicht zu überfordern. Herr Cyberspace hat nämlich keinen guten Start in diese Welt gehabt. Er kennt liebevolle Nähe nicht wirklich, und so kommt ihm ein Zuviel davon manchmal wie eine Bedrohung vor.

Konfliktpotenzial

Durch die Störung bereits im Mutterleib oder in den ersten Monaten des Lebens, die zur Prägung und Bildung seines Charaktertyps geführt haben, ist Herr C. scheu, kühl und zurückhaltend in Beziehungen. Immer wieder braucht er seinen Rückzugsraum. Die Themen Kontakt und Nähe spielen hier die elementare Rolle. Ihm fehlt durch den nicht erlebten Kontakt bzw. die Nähe zur Mutter das Vertrauen in ein positives Miteinander. Er fühlt sich gejagt, gehetzt, allein. Wenn er nun in Konfliktsituationen mit Kontaktentzug bestraft wird, bestätigt das sein altes Muster. Natürlich bekommt damit aufgebautes Vertrauen auch einen Knacks, und eine Entfremdung findet statt. Andererseits ist es gut möglich, dass er selbst sich durch Kontaktentzug behaupten möchte. Er bestimmt, wann und wie viel Nähe erlaubt ist. Es wäre denkbar schlecht, darüber zu diskutieren und mit gleichen Methoden aufzuwarten. Geduld, Ehrlichkeit und liebevolles Verständnis sind gefragt.

Lösungsmöglichkeiten

Ihm einladend gegenüberzutreten ist ein Schlüssel zum Erfolg. Zu wissen, dass er im Grunde kein Teamplayer ist und zum Rückzug neigt, macht es einfacher, die Auseinandersetzung zu überstehen. Wer ihn mit Gewalt halten und an sich binden will, zieht sicher den Kürzeren. Wer ihn abstraft, beleidigt und angreift, verliert sein mühsam erworbenes Vertrauen. Das kann recht schnell gehen und dann auch endgültig sein.

Wenn man ihn auch im Streit abholen kann, gibt man ihm zu verstehen, wie wichtig er einem trotz des Konfliktes ist. Konkret bedeutet das, beispielsweise auch mal einen Streit abzubrechen und Herrn C. bewusst in den Rückzug gehen zu lassen, wenn der Streit zu laut und respektlos wird, weil man sich auf einer Kinderebene streitet. Wichtig ist dabei, ihm dennoch zu sagen oder zu zeigen, dass er ein toller Mann ist und dass der Konflikt sicher zu einem ruhigeren Zeitpunkt auf der Erwachsenen-Ebene gelöst werden kann. Die Kunst bei diesem Mann ist es, den Kontakt weder abbrechen zu lassen noch zu aufdringlich zu werden. Wer ihn dagegen loswerden will, muss nur einmal sein Vertrauen missbrauchen.

Rutscht die Verbindung in eine Verwechslung mit der Mutter, so ist es hier wichtig, eben nicht über Kontakt und Kontaktentzug Macht auf ihn ausüben zu wollen. Ihn auch mal in Frieden zu lassen, seinen Rückzug nicht persönlich zu nehmen und aufrichtig für ihn da zu sein unterstützt ihn wirklich. Hier gilt noch einmal: Geduld, Liebe, Ehrlichkeit. Damit Vertrauen weiter wachsen darf.

Herr Lufthansa

Er ist selten zu Hause. Meist ist er beruflich sehr eingespannt, sein Zeitfenster fürs Privatleben ist klein. Oft findet man ihn nachts noch in seinem Arbeitszimmer. Freunde, die ihn anrufen, wissen, dass sie häufiger mit seiner Mailbox sprechen als mit ihm. Zu Hause wirkt er, als stünde er unter Dauerstrom. Manchmal ist es nach dem Joggen besser, aber nur für eine kurze Zeit. Herr Lufthansa ist ständig in Bewegung. Er ist sicher ein guter Versorger, aber dafür rennt er von einem Projekt zum nächsten. Herr Lufthansa ist ein sexy Typ: schön anzusehen und mit dem Herzen am rechten Fleck. Dennoch fällt es ihm schwer, sein Herz sprechen zu lassen. Herr L. mag die Bewunderung für seine vielen erwirtschafteten Attribute – dickes Auto, schickes Haus, ein Boot vielleicht, und, und, und … Dennoch ist er kein Prahlhans, im Grunde seines Herzen würde er gern auch in schwachen Momenten angenommen werden, einfach mal so in den Arm. Das wird Herr Lufthansa aber niemals laut verkünden. Er ist erfolgreich und bestrebt weiterzukommen, egal wie weit er schon ist. Ruhepausen, um zu reflektieren über das Leben, seine Gesundheit und die stillen Momente, gönnt er sich nicht. Stillstand ist für ihn wie ein kleiner Tod. Seine Power und seine starke Energie, die er hinausgibt in die Welt, sind animierend und störend zugleich für eine Partnerin. Oft hat man das Gefühl, er hört einem im Gespräch nicht wirklich zu. Doch er hat es nicht anders gelernt. Nur über seine Leistung wurde Herr L. in seiner Kindheit wahrgenommen, und deshalb strebt er weiter nach Erfolg und Anerkennung.

Konfliktpotenzial

Er ist in seinen Kinderjahren auf Leistung getrimmt worden. Dieser Mann kann deshalb auch heute nicht anders: Er muss etwas schaffen. Er muss Erfolg vorweisen, um sich angenommen zu fühlen. Er strahlt Selbstbewusstsein aus, ist optisch ansprechend und ein Freund der Kommunikation – sowohl Smalltalk als auch Verkaufsgespräche beherrscht er gut. Tatsächlich erreicht er durch seinen Fleiß und sein Engagement seine Ziele. Leider kann er nicht entspannen und in Ruhe verweilen. Wenn es kein Problem oder Projekt zu bewältigen gibt, kreiert er sich eins. Ihn zu Ruhe und Gelassenheit zu nötigen wird nicht funktionieren. Und genau da ist das Problem: Ihn stoppen zu wollen, um der trauten Zweisamkeit halber, ist fatal. Genauso schwierig wird es, gegen ihn anzutreten und ein »Wettrennen« zu starten. Wenn Sie sich mit ihm messen wollen, wird das in einem Kampf enden, und die Kälte, die er durchaus ausstrahlen kann, bekommt dabei noch mehr Intensität.

Lösungsmöglichkeiten

Um sein Herz sprechen zu hören, braucht man selbst ein offenes Herz. Ihn um seiner selbst willen in die Arme zu schließen, ihn für sein Dasein zu lieben, das ist es, was ihn bei all seiner »Coolness« berührt. Ihm schwache Momente zuzugestehen. Er hat Angst vor eigener Bedürftigkeit, Hilflosigkeit und Schwäche. Ihn in eine solche Schublade zu drängen wird zur Eskalation führen. Er haut und schreit lieber um sich, bevor er sich kleinmachen lässt. Mit ihm zu streiten ist ein Kampf. Ein Kampf, den er um jeden Preis gewinnen muss, so ist seine Prägung. Wenn man als Frau über seinen eigenen Schatten springen kann, ist es ratsam, ihn um des lieben Frieden willens siegen zu lassen. Es ist schlauer, ihn so zu sehen, wie er es sich wünscht. Schenken Sie ihm Aufmerksamkeit. Das ist sein Stichwort. Ihm genügend davon zu schenken ist ein Konfliktstiller. Er möchte doch einfach nur gesehen und respektiert werden. Und dann in einem guten Augenblick können Sie als seine geliebte Partnerin Ihre Wünsche an ihn richten und an Ihren großen, starken, tollen Mann appellieren.

Herr Märchenprinz

Er sieht verdammt gut aus. Er ist charmant und schafft es immer wieder, die Menschen um den Finger zu wickeln. Herr M. ist ein smarter Kerl, der mit seiner Verpackung auf einen wunderbaren Inhalt deutet. Leider kann er seine Versprechen schlecht halten. Meist weiß er auch am nächsten Tag nicht mehr, was er am vorherigen versprochen hat – denn das hat er nur getan, um irgendein Ziel damit zu erreichen. Aber er ist sexy, als Frau nimmt man es ihm deshalb nicht gleich übel. Wenn das Problem allerdings in Serie geht, beginnt man zu ahnen, wie es um sein Lebenskonzept steht: viel und schön reden, möglichst wenig dafür tun – und gewinnen wollen.

Herr Märchenprinz ist gesellig, scheint offen und interessiert. Ein toller Mann mit feinen Antennen. Ein echter Frauenversteher. Herr M. nimmt gern, doch wenn er für sich beschlossen hat, dass es ihm reicht, ist er schneller auf seinem Schimmel davongeritten, als man schauen kann. Er gewinnt gern, und ihm ist fast jedes Mittel recht. Seine Spezialität allerdings ist die Manipulation.

Er ist ein Meister der Tarnung. Herr M. kann sich in sein Gegenüber versetzen und wird, um an sein Ziel zu kommen, freundlich und unverbindlich den richtigen Ton treffen. Er ist beliebt bei Freunden und ein gern gesehener Gast. Mit Witz und Charme unterhält er die Menschen. Wenn es allerdings um seinen Vorteil geht, wo auch immer, wird schon mal gelogen, für ihn ist das eher ein »kreatives Umformen der Wahrheit«. Herr Märchenprinz glaubt nämlich selbst an das, was er da in die Welt setzt. Sonst könnte er auch nicht so überzeugend sein.

Er muss der Boss in einer Partnerschaft sein, sonst kommt es zum Eklat. Außerdem tanzt er gern auf mehreren Hochzeiten. Eine Kunst, die eben nur einer wie er beherrscht. Sich auf ihn einzulassen heißt, sein Spiel zu erkennen, ihn trotzdem nicht zu enttarnen und mit ihm das zu spielen, was einem selbst Spaß bereitet.

Wer nichts von ihm erwartet, kann auch nicht enttäuscht werden. Er ist kein Mann für alle Fälle.

Konfliktpotenzial

Durch die in seiner Kindheit erlebte Manipulation ist er selbst ein Profi des Handwerks geworden. Er wurde unterdrückt und klein gehalten. Leider ist er aller Wahrscheinlichkeit nach durch einen unbewusst sexuell verführenden Elternteil (wahrscheinlich die Mutter) stark geprägt worden. Vielleicht hat er mit Mama lange das Bett geteilt, weil sie glaubte, dass er Mutterwärme braucht, obwohl sie damit nur eigene Problem kompensiert hat. Vielleicht hat sie ihm sogar früh von ihren Partnerschaftsproblemen erzählt. Er sollte einmal der bessere Mann werden, besser als Papa. Er sollte ein Held und Retter werden. Bedingt durch die zusätzlich erfahrene Unterdrückung im Kindesalter ist sein Kampfgeist exorbitant gestiegen. Verlieren ist undenkbar.

Er hat scheinbar wirklich so etwas wie ein eigenes, reiches Innenleben: seine eigene Welt, seine eigene Wahrheit. Die vielen fantasiereichen Geschichten, die er zum Besten gibt, um seine Ziele zu erreichen, klingen bisweilen nahezu authentisch.

Er kann verführen. Das hat er schließlich gelernt. Dennoch ist er schnell desinteressiert, wenn er bekommen hat, was er will. Ihn zu einer tiefen, innigen Verbindung zu drängen, wird nicht funktionieren. Er hat Angst vor der Enttarnung, Angst vor Schwäche. Er wird sich immer wieder zu einer »Mogelpackung« aufblasen und kämpfen, um nicht »unten« zu landen. Vorsicht ist geboten, denn er beherrscht sogar die Hinterhältigkeit.

Lösungsmöglichkeiten

Ihn zu akzeptieren, wie er ist, sich über die geschenkte und ehrliche Zeit mit ihm zu freuen – das ist der richtige Weg. Besonders schwierig wird es, wenn es zu einer Verwechslung mit der Mutter kommt, die ihn eben auch sexuell manipuliert hat. Stellen Sie keine Forderungen an ihn, und machen Sie keine Listen, was er alles für Sie tun muss, um sich zu beweisen. Ein Mann wie er muss sich nicht beweisen. Er will sich nicht beweisen und schon gar nicht von Ihnen manipuliert werden. Erpressungsversuche, um ihn an sich zu binden, sind fatal. Sagen Sie also nie: »Wenn du heute mit deinen Freunden zum Fußball gehst, musst du aber morgen mit mir ins Kino!« Das geht schief. Für Sie als Frau gilt: lieber einmal mehr von ihm zurücktreten, bloß nicht in den Kampf gegen ihn ziehen und keine Erwartungen an diesen Mann stellen. Freude erleben über das, was er von Herzen und freiwillig gibt. Versuchen Sie ihm Freiheit zu schenken und ihn bedingungslos zu lieben.

Herr Ich-weiß-nicht

Er engagiert sich im Sportverein. Die Kids aus den Jugendgruppen lieben ihn, weil er ihre Sprache spricht und sie so gut versteht. Seinen Job als Krankenpfleger übt er mit viel Freude aus. Anderen zu helfen scheint seine Profession. Zu Hause ist er ein liebevoller Familienmensch. Er ist leider häufig müde und abgeschlagen, weil er sich sehr für seine Mitmenschen verausgabt.

Er kann sich wunderbar artikulieren, mag die Worte und genießt stundenlange Gespräche bei einem guten Glas Rotwein.

Er hat einen geschulten Blick für das Schöne und weiß Dekorationen zu schätzen. Dennoch hat eine Frau bei Herrn Ich-weiß-nicht oft das Gefühl, dass sie es ihm nicht recht machen kann. Das tolle Menü aufgefahren, den besten Champagner dazu, eine wohlige Atmosphäre – und dennoch scheint Herr W. immer noch auf Sparflamme zu laufen. Ausgehungert, mit trauriger Seele und wenig Enthusiasmus verweilt er in der Situation. Ihn hat seine gefühlte Unterversorgung in der Kindheit geprägt. Der Mangel, der dort für ihn entstanden ist, den möchte er sich von außen auffüllen lassen. Doch er bemerkt auch, dass niemand von außen füllen kann, was er selbst nicht füllen kann.

Wenn man ihn fragt, was ihm in seiner Not helfen würde, gibt es keine Antwort. So ist das immer bei ihm. Herr Ich-weiß-nicht kann keine Lösung für sich oder sein Problem finden. Entscheidungen zu fällen, das gehört nicht zu seinen Stärken.

Allein sein mag er nicht. Zum Glück hat er einen großen Freundeskreis, auf den er auch gern zurückgreift. Er ist ein kuschliger Typ, der selten richtig wütend wird, obwohl er ständig etwas zu nörgeln hat. Aber dann legt er seine Arme um einen, versucht damit das Leben in sich einzuatmen. Wenn man nicht aufpasst, kann es schon passieren, dass man sich von ihm ausgelaugt fühlt. Seine Ansprüche sind groß – und diese zu befriedigen wird nicht funktionieren, weil es immer etwas geben wird, das ihm fehlt.

Konfliktpotenzial

Durch die erlebte Unterversorgung in der Kindheit kommt es bei diesem Typus zur Kompensation des Themas Versorgung: Er versorgt andere, ist ein Helfer und Unterstützer. Das, was er gefühlt nicht bekommen hat, schenkt er in die Welt. Zugleich erwartet er aber, dass ihm dasselbe auch gegeben wird. Sein Defizit ist groß. Sehnsucht nach Liebe, nach Nähe und nach tatsächlichem Versorgtwerden. Ihm scheint ständig etwas zu fehlen, er wirkt nörglerisch und ist schwer zufriedenzustellen. Sein Meckern gilt dem Erlebten aus der Kindheit. Im Grunde ist er selbst nicht in der Lage, sich ausreichend zu versorgen, erwartet aber Großes von seiner Partnerin. Wenn sie versucht, sich ihm zu entziehen, verletzt ihn das schwer. Ihn auf sich zurückzuwerfen und ihm nicht den nötigen Halt zu schenken bestätigt seine Prägung und macht ihn traurig.

Lösungsmöglichkeiten

Mit ihm sind gute Gespräche möglich. Versuchen Sie darüber im Alltag ein Wir-Gefühl entstehen zu lassen, das gibt ihm Kraft. Sich trotz eines Konfliktes ganz langsam mit ihm weiter in eine Richtung zu bewegen hilft, sich nicht zu entzweien. Ihm Unterstützung bei Entscheidungsfragen anzubieten ist klug. Noch besser ist es, selbst zu wissen, welche Richtung einzuschlagen ist und ihn freundlich abzuholen – das gibt ihm Sicherheit. Er zählt zu den sensibleren Männern, ein Konflikt wird ihn sehr traurig machen. Daher ist es nicht allzu schwer, ihn wieder friedlich zu stimmen und Harmonie herzustellen. Bei diesem Mann hilft es, auf erwachsener Ebene vielleicht sogar mal die »Führung« im Geschehen zu übernehmen, sanft, aber selbstbewusst.

Bei einer Verwechslung mit der Mutter sollte ihm klargemacht werden, dass es schön ist, die Frau an seiner Seite zu sein und nicht seine Mutter. Ihn zu versorgen, ihn zu »halten« und an seiner Seite zu sein kommt dabei ungezwungen aus dem Herzen und nicht aus einer »Verpflichtung« gegenüber einem Kind.

Mein Mann, sein System – unser Problem

Auch die Liste der Männerprofile könnte natürlich mit diversen Facetten fortgesetzt werden. Oder Sie setzen aus mehreren der gezeichneten Bilder ein neues zusammen. Klar ist, dass auch unsere Partner, genau wie wir selbst, eine Prägung durch ihre Mütter erfahren haben. Und wie heißt es so schön: »Er kann nicht aus seiner Haut.« Solange die Muster nicht erkannt sind, können sie auch nicht verändert werden. Doch machen Sie Veränderungen nicht von Ihrem Partner abhängig: Vielleicht gelingt es Ihnen, mit den neu gewonnenen Eindrücken verständnisvoller auf ihn zuzugehen. Oder Sie erkennen mit einem gesunden Abstand, dass gewisse Themen in einem Streit nichts mit Ihnen zu tun haben. Dann müssen Sie sich auch nicht beleidigt fühlen. Haben Sie Mitgefühl für Ihren Partner. Aufgrund seiner Erfahrungen kann er manchmal nicht anders handeln, solange er nicht auf dem Weg ist, sich selbst zu erkennen.

Als **Lösung** steht an erster Stelle die **Achtsamkeit.** Wer achtsam ist und die Zusammenhänge erkennt, ist nicht mehr gefangen. Mit dieser Erkenntnis können wir bewusster mit unserem Partner umgehen. Dann müssen wir nicht alles so persönlich nehmen, sondern können uns klarmachen, dass auch er eine Prägung erfahren hat, die ihn zu dem gemacht hat, was er ist.

Lassen Sie ihn sich zwischendurch mal »austoben«. Nutzen Sie lieber die friedlichen Momente, um sich in einem guten Gespräch über Ihre neu gewonnenen Eindrücke und Erkenntnisse auszutauschen. Vielleicht erzählt er Ihnen auch, wie er Sie manchmal empfindet und was das in ihm auslöst. Steigen Sie also niemals in einen Streit mit oberlehrerhaften Thesen und Konfrontationen zu seinen Wurzeln ein. Das will kein Mann hören – schon gar nicht im Konflikt.

Doch selbst wenn es passiert und Sie streiten mal wieder: Versuchen Sie so achtsam und respektvoll wie möglich mit sich und Ihrem Partner umzugehen. Worte können Geschosse sein. Versuchen Sie, keine Entscheidungen aus Rage zu treffen. Wut, Zorn und Zickigkeit sind Spielmittel auf Kinderebene. Ein klares, freundliches Gespräch führt doch immer zu einem befriedigenden Ergebnis für beide Seiten. Manchmal braucht es nur wenig, um den geeigneten Zeitpunkt zu finden. Seien Sie einfach achtsam.

Ich habe Ihnen hier noch ein paar weitere Fallbeispiele vor dem Hintergrund der systemischen Ordnung zusammengestellt. Vielleicht erkennen Sie erneut Teile, die Ihnen das Verständnis für die Situation Ihres Partners einfacher machen.

Zu erfahren, warum Verwechslungen mit der Mutter und daraus wachsende Konflikte aufkommen oder wie der Platz der Ursprungsfamilie Auswirkungen auf die Partnerschaft hat, hilft Ihnen, Ihren Partner besser zu verstehen. Wir wünschen uns doch am Ende alle dasselbe: ein Miteinander, ein Verschmelzen.

Schauen Sie also als Nächstes auf Männerbeispiele im Familiensystem. Die Profile der Männer, die Strukturen, die sie im Laufe der Jahre entwickelt haben, entstehen auch durch den Platz, den sie in ihrer Familie einnehmen. Der Bezug zu ihrer Mutter, der Platz, den sie eingenommen haben, kann wiederum Aufschluss in ihrer Beziehung zu einer Partnerin geben.

Fallbeispiel 1:
Die Bürde gelernter Verachtung

Der Klient stellt folgendes Bild: Vater und Mutter in gewissem Abstand nebeneinander. Sie links, er rechts. Zwischen die beiden stellt er sich selbst. Näher an die Mutter als an den Vater gerückt. Er erklärt, dass seine Mutter ihm oft berichtet hat, wie gern sie einen besseren Mann gehabt hätte, aber dass sie stolz sei, einen guten Sohn zu haben, der anders wäre als der Papa.

Der Klient fühlt sich trotzdem nicht richtig an seinem Platz, neben der Mutter. Zum Vater hat er ein ambivalentes Gefühl. Ablehnung und Zuneigung wechseln sich ab. Er hat das Gefühl, er muss stärker sein als sein Vater. Er muss größer werden, erfolgreicher sein und die Mutter retten. Das wiederum baut einen Groll in ihm auf. Er wird im weiteren Verlauf der Aufstellung wütend auf die Mutter. Sehr wütend. Er fühlt sich missbraucht und verachtet dann ihre Verachtung dem Vater gegenüber. **Stopp** des Szenarios.

Der innere Konflikt

Der Mann hat gelernt, den Platz an der Seite seiner Mutter einzunehmen, er hat gelernt zu kämpfen und sich gegen den Vater zu stellen. Wut auf den Vater trägt er in sich, der den Platz an der Seite der Mutter nicht ausfüllen konnte. Wut auf den Vater, weil er es zugelassen hat, dass der Sohn zum Partner der Mutter wurde.

Dann die Wut auf die Mutter bis hin zur Verachtung, weil sie ihn benutzt hat. Schließlich ist er auch ein Mann und spürt die männerverachtende Haltung der Mutter.

In Konfliktsituationen mit der Partnerin also ist Verachtung keine seltene Grundschwingung. Durch die Verwechslung mit der manipulativen, vereinnahmenden Mutter reagiert er nun hochempfindlich auf Verhaltensweisen, die auch schon in Minidosierungen den Geschmack der alten Kräfte hervorrufen.

Er wird verachtend, weil es seinem Muster entspricht und er sich in einer Wiederholung der Erfahrungen wiederfindet. Bis zum Erkennen seiner eigenen Prägung und den Folgen daraus wird er nicht umlenken können.

Fallbeispiel 2:
Vertauschte Positionen

Der Klient stellt folgendes Bild: Vater und Mutter stehen nebeneinander im Raum. Mutter rechts, Vater links. Er selbst steht vor den Eltern, schaut in die gleiche Richtung wie die Eltern, hat aber den steten Drang, sich zur Mutter über seine rechte Schulter umzusehen.

Seine Mutter erscheint groß und kraftvoll bis dominant. Der Vater wirkt klein und abwesend mit eingezogenem Kopf und ängstlichem Blick.

Der Klient erklärt, dass er die Mutter einerseits für ihre Stärke bewundere, andererseits ein wenig fürchte. Sie gibt den Ton in der Familie an. Der Vater sei liebevoll, freundlich mit ihm, aber leider wenig präsent in der Familie an sich. Mutter und Vater haben klar verteilte Rollen. Beide scheinen sich damit auf den ersten Blick arrangiert zu haben. Diese Verstrickung ist ihre Sache.

Der Klient wünscht sich schon lange mehr gefühlte Männlichkeit und ein kraftvolleres, selbstbewussteres Auftreten. Er beklagt sich über seine dominante Ehefrau, die ihm die Führung in der Familie abnimmt. **Stopp** des Szenarios.

Der innere Konflikt

Der Klient ist in einem Haushalt aufgewachsen, in dem vertauschte Rollen gelebt wurden. Ein »schwacher« Vater und eine zu dominante Mutter haben ihn geprägt. Er hat auf dem Weg zum Mann nicht genügend Vaterkraft mitbekommen und gelernt, sich einer starken Frau unterzuordnen. Natürlich fühlt sich irgendetwas für ihn verkehrt an. Er hat den Drang, in Führung zu gehen, und kommt doch nicht an sein Potenzial als Mann.

Im Konflikt mit der Partnerin kann es dann zur Verwechslung mit der Mutter kommen, und er kämpft mit allen Mitteln gegen das »Altbekannte«, gegen eine Frau eben, die auch führen kann. Er möchte sich entwickeln – raus aus den Fängen und Mann sein.

Auf der anderen Seite kann es sein, dass er das Gefühl seiner mangelnden Stärke und Präsenz nicht loswird. Dann begibt er sich wie ein kleines Kind in die Obhut und Autorität der »Mutter«.

Fallbeispiel 3:
Der Sohn in der Rolle seines Vaters

Der Klient stellt folgendes Bild: Vater und Mutter stehen beide im Raum. Der Klient steht allerdings dicht neben der Mutter an ihrer rechten Seite und der Vater am anderen Ende des Raumes. Die Blicke von Mutter und Sohn zielen auf die linke Seite des Vaters, der wiederum keinen Blickkontakt zu den beiden aufnimmt.

Der Klient berichtet, dass seine Eltern sich getrennt haben, als er zwei Jahre alt war. Einen neuen Partner hat die Mutter erst nach mehr als zehn Jahren wieder in ihr Leben gelassen. Der Sohn hat seinen Vater nie wirklich kennengelernt, und die Mutter hat kaum, und wenn, dann nur Negatives, über den Expartner berichtet. Der Klient fühlt sich seiner Mutter verbunden. Sie macht den Anschein einer gebrochenen Frau. Traurig und sich an ihren Sohn stützend. Kontakt zum Vater lehnt der Sohn ab, das würde einem Verrat an der Mutter gleichen.

Der Klient berichtet: Er fühlt sich oft eingeengt, möchte in Freiheit kommen. Regelmäßig versorgt er noch heute seine alternde Mutter. **Stopp** des Szenarios.

Der innere Konflikt

Der Klient ist an der Seite seiner Mutter aufgewachsen, ohne den Vater bewusst erlebt zu haben. Er steht auf Paarebene mit seiner Mutter und übernimmt den starken, stützenden Part des Mannes.

Er fühlt sich bis heute verpflichtet, sie zu versorgen. Er selbst hat die Kraft und Zuwendung seines Vaters nicht bekommen und ist geprägt durch den Mangel daraus. Vielmehr hat die subtile Abwertung des Vaters durch die Mutter ebenfalls Spuren hinterlassen. Ihm fehlt somit das Potenzial aus der väterlichen Verbindung.

Kommt es nun zur Verwechslung mit dem Mutterbild in der Partnerschaft, kann ihm der Druck, versorgender Partner zu sein, den Wunsch nach Freiheit verstärken. Die früh erlebte Verpflichtung, einen Partner zu ersetzen und nicht Kind sein zu können, ist Grundlage seiner Problematik. Und auch das Thema Verachtung fließt in die Verstrickung mit ein.

Neue Begegnung

Vielleicht ist es Ihnen nun einfacher möglich, Ihrem Partner mit mehr Verständnis zu begegnen. Er hat seine Geschichte, und Sie haben Ihre. Seien Sie bewusst in Ihrem Umgang, versuchen Sie zu erspüren, was ihn tatsächlich berührt. An welcher Stelle werden alte Muster bedient? Wo können Sie mit Ihren neuen Erkenntnissen einen Konflikt in der Wurzel kappen?

Nutzen Sie Ihre Partnerschaft dafür, auch sich und Ihre Muster besser zu deuten. Ziehen Sie sich nicht gegenseitig in Verstrickungen, die nicht in Ihre Partnerschaft gehören. Seien Sie respektvoll, liebevoll und geduldig miteinander. Sie sind doch zwei Menschen mit demselben Wunsch.

Erwartungen, Muster
und Verstrickungen
erkennen können

Es ist schon spannend, wie wir es schaffen, wieder und wieder in die alten Verstrickungen zu geraten und unsere Muster dabei nicht loszulassen. Oft geraten wir, ohne es wahrzunehmen, in die Rolle des kleinen Kindes, das nörgelt, beleidigt ist oder verdammt wütend. Jetzt denken Sie vielleicht: »Ich bin doch kein Kind mehr – und benehmen kann ich mich auch.«

Sicher. Dennoch spielt sich ein Streit meist auf einer Kinderebene ab. Geschrei, Motzerei, Wutausbrüche haben selten etwas Erwachsenes. Sich in einem Dialog mit gegensätzlichen Meinungen zu finden und gemeinsam zu reflektieren, was störend ist, was verändert werden soll, mit einer Lösungsfindung am Ende des Gesprächs, die beiden Beteiligten ein zufriedenes Gefühl gibt – das ist ein Konflikt auf einem anderen Niveau. Dabei wachsam mit sich selbst umzugehen und womöglich seine Muster zu erkennen, um nicht in die Verstrickung einzusteigen, macht Entwicklung aus:

Sich erkennen, sich verstehen, um sich dann zu verändern.

Ich möchte Ihnen dazu wieder ein paar Beispiele skizzieren. Persönlich empfinde ich die Selbstreflexion als eine der schwersten Übungen. Kritisch mit sich selbst umzugehen und ehrlich genug dabei zu sein, sich unangemessenes Verhalten einzugestehen, das alles fällt einem nicht in den Schoß.

Im Alltag Muster und Verstrickungen aufspüren

Der erste Schritt ist eine besondere Herausforderung: Man muss im Alltag überhaupt erst einmal erkennen, wo eine Verstrickung entsteht, beziehungsweise wo und wie man gerade sein Muster bedient. Im zweiten Schritt dann unser Gegenüber – sei es der Partner, der Chef, eine Freundin oder die Kassiererin im Supermarkt – bewusst mit uns in der Interaktion zu erleben, aber sie nicht mit unserem »besseren« Wissen zu bedrängen. Wer weiß, ob unser Chef schon einmal etwas von Verstrickungen und Mustern gehört hat. Vielleicht möchte er darüber auch nichts erfahren. Wir bleiben nur bei uns. Das ist das i-Tüpfelchen der Übung: Wir erkennen uns, wir verstehen, wir verändern. Aber wir lassen die anderen ohne eine »Belehrung« dort, wo sie sind. Üben uns im liebevollen Umgang mit uns selbst und mit ihnen.

Im Alltag achtsam und offen zu bleiben ist nicht einfach. Wir alle kennen das Gefühl, in eine Situation hineinzuschlittern. Gut gelaunt machen wir uns auf den Weg zur Arbeit. Im dicksten Verkehr kriegen wir dann die ersten Anfeindungen gestresster Autofahrer zu spüren. Noch ganz entspannt, mit einem Grinsen im Gesicht stehen wir in der Schlange der Linksabbieger, da kommt wie aus dem Nichts ein schwarzer Mercedes von der rechten Spur rübergezogen. Wild fuchtelnd und fluchend drängt er sich aggressiv vor uns. Fast hätte er uns über den Haufen gefahren. Wir wissen, er hat es eilig. Und wir wissen, **er** hat ein Problem. Wir können uns nun ärgern lassen, ebenfalls drängeln, keinen Platz für ihn machen und noch wilder mit den Armen fuchteln als er. Wir können aber auch lächelnd den Weg frei machen, Mitgefühl für ihn haben und bei uns und unserer guten Laune bleiben: Keine Verstrickung mit einem Mercedesfahrer an diesem Morgen.

Ein persönliches »Muster«-Beispiel aus meinem Leben

Mit einem Beispiel aus meinem Leben möchte ich beginnen. Ein Muster, das ich, bedingt durch meine Prägung, intensiv in die Wiederholungsschleife geholt habe. Mein Mann und ich lieben Pferde. Er ist Pferdetierarzt, Reiter und Züchter. Ich bin schon als kleines Mädchen geritten und hatte auch immer Pferde. Nun züchten wir seit Jahren gemeinsam. Wir bilden junge Pferde aus und teilen damit Hobby und Zeit.

So weit, so gut.

Aufgrund der reiterlichen Qualifikation meines Mannes (goldenes Reitabzeichen, Weltmeister der Studentenreiter in Springen und Dressur) sind die Hierarchien klar verteilt: Er ist der Profi, ich freue mich, von ihm zu lernen. Derzeit haben wir ein wunderbares junges Pferd, einen Wallach, den mein Mann für mich ausgesucht hat. Ich habe ihn mir gekauft. Gemeinsam bilden wir das Pferd nun aus. Das ist der Plan: Ich reite den jungen Wallach, und mein Mann steht als Ausbilder in der Reitbahn.

Ich komme mit dem Pferd ausgesprochen gut zurecht. Das Tier hat ein super Gemüt und ist für sein junges Alter ausgesprochen brav und in seiner »Wildheit« bestens von mir zu zähmen. Nun passiert bei mir Folgendes: Wenn ich in der Reitbahn bin und mein Mann mir Unterricht gibt, freue ich mich, von ihm unterstützt und gesehen zu werden. Das Muster startet: »Er sieht mich!«

Er ist meist klar und sachlich dabei. Er gibt mir Tipps und korrigiert kleine Fehler. Stoßen wir nun auf Schwierigkeiten, weil ich das Pferd nicht nach seinen Vorstellungen durch eine bestimmte Übung bugsiere, tickert mein Muster leider noch mehr an. Ich fühle mich klein, hilflos und als Versagerin.

Jetzt kann ich hysterisch werden, keifend und meckernd auf meinem Pferd sitzen. Ich könnte mit dem Pferd oder dem Trainer streiten. Oder ich ziehe den Kopf ein, habe Angst, weiter zu versagen, und versuche nur, die Reitstunde irgendwie hinter mich zu bringen. Mein Pferd spürt mich natürlich – und wird damit nicht besser. Nur nervöser.

Mein Mann kann jetzt in sein altes Muster gehen, mich noch strenger behandeln (das kennt er von seinem Vater und den Reitstunden, die er selbst bekommen hat), oder er bricht ab und verlässt mich beleidigt, weil ich nicht brav bin.

Beide Verhaltensweisen bringen uns tiefer in die Verstrickung. **Stopp** des Bildes.

Das Muster

So wie ich heute mit meinem Mann die Zeit bei den Pferden teile, habe ich früher mit meinem Vater unsere Pferde geritten. Ich war glücklich, wenn er mich wahrgenommen, mich gesehen hat.

Durch die viele Arbeit meines Vaters und die Firma meiner Eltern hatte ich immer das Gefühl, mein Vater sieht mich nicht. Unsere Schnittmenge waren dann die Pferde. Hier gab es Zeit für mich, die kleine Sam, auf dem Pferd, und den bisweilen strengen Papa als Reitlehrer an meiner Seite. Seine Erwartungen an mich waren gefühlt hoch. Ich wollte ihm gefallen, ihn beeindrucken, alles richtig machen – und damit seine Zuwendung ernten.

Verstrickung

Mit meinem Mann teile ich eine ähnliche Herkunftsgeschichte und die Verbindung zu den Pferden. Das ist auf der einen Seite wunderbar. Wir haben immer ein gemeinsames Thema, können uns viel austauschen, müssen aber ganz klar und bewusst mit unseren Mustern umgehen, damit wir uns nicht auf »Kinderebene« im Konflikt wiederfinden.

Mittlerweile erkläre ich meinem Mann in den entsprechenden Situationen, beispielsweise in der Reithalle beim Training, dass ich gerade wieder spüre, wie das Muster auftaucht, bitte ihn um Geduld mit mir, oder ich nehme die aufkommenden Gefühle einfach für mich wahr, erkenne sie also, verstehe den Zusammenhang und konzentriere mich bewusst auf das Zusammenspiel mit meinem Pferd – und nichts anderes. Ich bleibe ruhig, streite nicht, aber ich ziehe auch nicht den Kopf ein.

Manchmal sage ich meinem Mann sogar vor der Reitstunde, dass ich lieber eine Stunde allein übe, weil das Muster schon beim Fertigmachen des Pferdes »antickert« und ich weder mir noch dem Pferd guttue in meiner »Versagensangst«.

Damit biete ich meinem Mann wiederum keine Vorlage, in sein Muster zu geraten. Wir können wie Erwachsene reflektieren und mit Freude unser Pferd weiter ausbilden.

Wichtig: Integration

Bevor ich zum nächsten Beispiel komme, möchte ich Ihnen unbedingt ans Herz legen, wie wichtig es ist, das Erkannte zu integrieren. Klar, Integration gehört zu den schweren Aufgaben. Und wie funktioniert das eigentlich? Versuchen Sie es einmal so: Wenn Sie demnächst sehr **aufmerksam** mit sich selbst in Situationen, vielleicht in der Firma, bei Freunden oder mit dem Partner sind, ist ein Erkennen Ihrer Intention, warum Sie so oder so reagieren, schon mal toll. Beobachten Sie ganz bewusst: Wann werden Sie zickig wie ein kleines Mädchen? Und warum? Wann werden Sie wütend? Wann traurig? Wann sind Sie beleidigt, und warum? Nehmen Sie also im ersten Schritt bewusst wahr, was in Ihnen bei Interaktionen mit anderen Menschen passiert. Sie werden lernen, welche Themen ein Muster anspringen lassen. Als nächsten Schritt, wenn Sie das Muster erkannt haben, steigen Sie wieder **bewusst nicht mehr** mit einem Drama darauf ein. Keine Vorwürfe an Ihre Mitmenschen! Behalten Sie Mitgefühl für sich und andere im Fokus.

Wenn Sie es dann schaffen, irgendwann unbekümmert die Muster zu erkennen und **bewusst** bei sich in der Freude bleiben, dann werden Sie spüren, wie viel leichter und freier Ihr Leben ist. Dann können die aufkommenden Emotionen weiterziehen wie dunkle Wolken – und Sie denken vielleicht nur noch: »Aha, eine Wolke, super: Die zieht ja weiter, wie alle Wolken weiterziehen.«

Damit haben Sie die Integration erfolgreich abgeschlossen.

Mit den Augen der Mutter schauen wir in die Welt

Ich habe das Fallbeispiel meiner Verstrickung bewusst in Bezug auf meinen Vater gewählt. Das ist sicher für viele von Ihnen ein interessanter Punkt, schließlich wären wir ohne unsere biologischen Väter auch nicht auf der Welt, und ohne die Prägung eines Vaters (hier kommen auch die »nicht-biologischen« Papas zum Einsatz) wäre der Weg zur Mutter noch unmittelbarer. Aber was hat das mit den verschiedenen Verstrickungen zu tun?

Zum einen haben wir alle ständig irgendwelche Reibungsflächen, Auseinandersetzungen und Verstrickungen, die nicht unmittelbar und ganz klar auf den ersten Blick mit unseren Wurzeln und dann am Ende mit der wichtigsten Person unseres Lebens – der Mutter – zu tun haben. Zum anderen kann ich Ihnen daran nun doch wieder aufzeigen, wie wir letztlich zu ihr gelangen: zur Mutter. Die Väter spielen dann (aus psychodynamischer Sicht) eher eine Nebenrolle in unserem Film. Der Blick, den wir als Kinder auf unseren Vater bekommen, der Blick, den wir als Mädchen, als Frauen, auf unseren Vater und damit auch auf Männer überhaupt bekommen, ist geprägt durch die Sicht unserer Mutter. Wir schauen sozusagen durch die Brille der Mutter. Logisch, oder?

Eine Mutter erzählt ihrer etwa dreijährigen Tochter, wie toll ihr Mann als Partner ist, wie prima er als Vater in der Familie seinen Platz ausfüllt. Das Miteinander ist harmonisch, und das Kind lernt: Aha – Papa ist ein toller Mann, und Mama ist glücklich mit ihm. Also bin ich es auch.

Und wenn nun Mama wenig liebevoll, vielleicht gar verachtend über den Papa spricht, weil der in seinem Leben noch nie was auf die Reihe bekommen hat, weil er sich überhaupt nicht für das Kind interessiert und weil Männer sowieso alle »Schweine« sind? Was ist wohl die Schlussfolgerung – wie wird das kleine Mädchen über ihren Vater und sogar über Männer im Allgemeinen denken? Das ist ziemlich eindeutig.

O. k., jetzt können Sie den Einwand bringen, dass das Mädchen im Laufe ihres Lebens selbstständig denken lernt und sich ein eigenes Bild von ihrem Vater macht. Vielleicht wendet sie sich von der Verachtung der Mutter Männern gegenüber ab. Verherrlicht den Vater und läuft »guten« Männern in die Arme. Damit wiederum wendet sie sich in letzter Konsequenz von der Mutter ab und damit von sich selbst. Sie ist nämlich ihre Mutter und ein bisschen mehr. Sehen Sie den Konflikt? Sehen Sie, wie wir immer wieder zu ihr zurückkommen?

Es ist und bleibt als stärkstes Argument: unsere Blutsverbindung mit ihr. Aus einer Symbiose von Zellen in ihr entstanden, ein Herzschlag, ein Blutkreislauf, aus dem heraus wir herangewachsen sind und uns entwickelt haben. Von ihr werden wir geboren, um dann in ihren Schoß gelegt zu werden. Wir wachsen weiter und blicken dabei auf sie. Jeder kennt das Bild eines schreienden Babys, das erst im Arm seiner Mutter, an ihrer Brust, zur Ruhe findet.

Und zu wem läuft ein Kind, wenn es wirklich Schmerzen hat? Nach wem ruft selbst noch ein Teenager, wenn er in großen Nöten steckt?

Ich denke, die Essenz über die Macht, die Stärke und Präsenz unserer Mütter selbst bei scheinbaren Verstrickungen mit dem Vater ist jetzt erkennbar. Das bedeutet aber nicht, dass wir ständig an ihr, an unserer Kindheit und einem »Mutterthema« herumtherapieren müssen. Unser Streben nach Freude, Frieden und Freiheit ist durch Achtsamkeit im täglichen Leben und durch den achtsamen Blick auf uns selbst zu erreichen. Wir können täglich üben, Verstrickungen, die uns Probleme schaffen, zu erkennen, um sie im Keim zu ersticken. Hier noch ein paar weitere Fallbeispiele.

Der Fall eines Klienten-Paares: Zwischen Versorgungswunsch und Emanzipation

Der Klient lebt mit seiner Ehefrau in einem Haus. Bei den beiden gilt die klassische Rollenverteilung: Sie kümmert sich um das Heim und die Kinder, er ist beruflich selbstständig, viel unterwegs. Er sorgt für die finanzielle Freiheit der Familie und verbringt jedes zweite Wochenende mit seiner Frau und den Kindern.

Das Paar hat sich gern und geht harmonisch miteinander um – solange die Rollenverteilung ordentlich funktioniert. Nun hat seine Frau gerade ein Fernstudium begonnen. Die Kinder sind mittlerweile aus dem Gröbsten raus, und sie möchte auch mal wieder etwas für sich tun. Ab und zu hat sie Gruppentreffen für ihr Studium und kann dann nicht bei ihrer Familie sein. Die Kinder kommen damit scheinbar ganz gut zurecht. Mehr Schwierigkeiten hingegen hat ihr Mann mit der neuen Situation. Er fühlt sich allein gelassen. Durch die Mehrfachbelastung von Studium, Kindern und Haushalt ist seine Frau abends oft müde, wenn er nach Hause kommt. Manchmal ist sie bereits im Bett, oder sie sitzt über ihren Büchern und lernt. Das Essen bereitet sie ihm auch nicht mehr so schmackhaft zu, wie er es gewohnt ist. Die Blumen sehen vertrocknet aus. Sagt er.

Es kommt immer öfter zu Nörgeleien: »Du versorgst mich gar nicht mehr richtig! Du kümmerst dich nicht mehr um mich! Du hast mich schon lange nicht mehr so gepflegt, wie du es mal getan hast!« Solche Sätze werden immer häufiger, lauter und massiver. Der Mann, erst kindlich bittend, baut Druck auf und wird wütend über seine nicht erfüllten Wünsche nach Zuwendung und Versorgung.

Die Frau hingegen fühlt sich schuldig. Sie wollte doch nur ihren Wiedereinstieg in das Berufsleben vorbereiten, um damit auch ihren Mann zu entlasten.

Dann wird sie wütend. Fühlt sich eingeschränkt und unterdrückt. Nun entzieht sie sich ihrem Mann noch mehr, um ihn damit abzustrafen. **Stopp** des Bildes.

Das Muster

Die Mutter des **Klienten** war zeitig wieder berufstätig und hatte wenig Zeit für ihr Kleinkind. Sie hat neben Haushalt und der Arbeit noch gemeinsam mit ihrem Mann ein Unternehmen aufgebaut. Der Junge hatte immer zu essen, zu trinken und wurde nicht vernachlässigt. Dennoch hat er das Bild einer »nicht freudvoll versorgenden Mutter« abgespeichert. Der Wunsch nach ausreichender Versorgung und Nähe ist bei ihm stark geprägt. Ein »Entzug« ist gleichbedeutend mit »Liebesentzug«.

Die **Klientin** wiederum hat mit ihrer Mutter, die ein Leben lang Hausfrau war und sich nichts sehnlicher gewünscht hat, als einen Beruf ausüben zu dürfen, ihr eigenes Muster. Ihr Vater hat die Mutter stets davon abgehalten, sich zu entwickeln und etwas zu lernen. Sie wurde unterdrückt und klein gehalten. Ihre Mutter hat sich dann nach jedem Streit mit dem Vater tagelang in ihr Zimmer eingeschlossen und den Haushalt vernachlässigt.

Die Verstrickung

Der Klient wünscht sich von seiner Frau, was er von seiner Mutter nicht bekommen hat: die totale Versorgung als Liebesbeweis.

Aus diesem Grund wählt er im Zusammenleben die klassische Rollenverteilung, um sicherzugehen, dass seine Frau (Mutter) auch immer versorgend ist. Die Klientin wählt die altbekannte Rolle, versorgt auch gern, weil sie durch die Störungen und Entziehungen ihrer Mutter nach Streitereien mit dem Vater den Wunsch hat, es besser zu machen als diese.

Damit kompensiert sie. Dennoch wächst in ihr der ihr ebenfalls bekannte Wunsch nach Eigenständigkeit und Entwicklung. Ihr Partner versucht dann über aufgebaute »Schuld« das Klebemittel für ihre Partnerschaft zu definieren.

Die Folge der erlebten Unterdrückung durch den Partner, der die Erfüllung ihres Wunsches nicht unterstützt, ist dann wiederum Wut – und das Resultat ist die Strafe durch Kontaktentzug. So hat sie das Muster abgespeichert.

Die beiden können sich nun tiefer und tiefer in ihre Muster verstricken, verletzten, demütigen und beschuldigen. Oder sie können durch das Erkennen ihrer Thematik eine gemeinsame Veränderung erarbeiten.

Ideen für den Alltag

- Das Erkennen der eigenen Dynamik steht an erster Stelle: Was ist mein Muster, warum reagiere ich emotional?

- Die Partner sollten über die eigene Erkenntnis einen regelmäßigen Austausch pflegen: Welche Situation hat bei wem was ausgelöst?
- Bei aufkommender Wut können beide versuchen, bewusst die Situation zu unterbrechen und nach ausreichendem Durchatmen einen neuen Dialog zu beginnen.

Der Fall einer Klientin:
Umgang mit unterdrückter Wut

Die Klientin arbeitet als eine von drei Chefsekretärinnen in einer großen Firma. Ihre Arbeit ist ihr sehr wichtig. Dort zu glänzen und anerkannt zu werden motiviert sie dazu, fleißig zu arbeiten. Sie kommt immer pünktlich und ist zu jeder Überstunde bereit. Mit den Kolleginnen kommt sie gut aus. Die Arbeitsverteilung läuft meist reibungslos, die Pausen nutzen die Damen schon mal, um gemeinsam einen Kaffee zu trinken. Ihr Chef ist ein großer redegewandter Mann, der sich gerne hofieren lässt. Leider kommt es häufiger zur Auseinandersetzung zwischen ihrem Chef und einem weiteren Chef. Die Firma, ein angesehenes mittelständiges Unternehmen, steht unter der Führung von drei Männern. Die Einigkeit dieser drei Chefs fehlt jedoch meistens. Daraus resultiert ein steter Kampf zwischen den Herren. Der direkte Chef der Klientin ist der Jüngste unter den glorreichen Drei. Oft bekommt die Klientin nach einem Disput der Männer die Wut ihres Chefs zu spüren. Dann wird sie von ihm gegängelt, ihre Arbeit wird in Frage gestellt, und es kommt schon mal vor, dass er sie vor den anderen Damen anschreit.

Die Klientin kann dann wiederum nicht an sich halten und wird ihrerseits beleidigend und manchmal auch sehr laut – leider gegenüber ihren Kolleginnen. Hier entlädt sich all ihre aufgestaute Wut über die erfahrene Ungerechtigkeit.

Doch schon im Augenblick der Entladung steigt ein Schuldgefühl in ihr auf, das ein schlechtes Gewissen ins System bringt. Danach fühlt sich die Klientin sehr schlecht und entschuldigt sich diverse Male bei den entgeisterten Kolleginnen. **Stopp** des Bildes.

Das Muster

Die Klientin ist als Einzelkind aufgewachsen. Ihre Kindheit war durch Strenge und wenig gefühlte Liebe geprägt. Mutter und Vater hatten kein besonders liebevolles Verhältnis – weder zueinander noch jeweils zu ihr. Bei aufkommenden Problemen erfuhr die Klientin sofort die Autorität ihres Vaters, oder der Vater hielt die Mutter dazu an, das Kind zu dominieren. Er war der Chef im Haus, und um seine Aufmerksamkeit zu bekommen, stürzten sich Mutter und Tochter gemeinsam in Hausarbeiten, sie reinigten, putzten und wienerten, bis alles glänzte und der Mann des Hauses ein Lächeln auf dem Gesicht hatte. Manchmal, wenn die Hartherzigkeit des Vaters zu groß war und die Mutter wieder einmal schwieg, brach die Wut aus der Klientin heraus. Gerichtet jedoch gegen die Mutter. Sofort entstanden daraus Schuldgefühle, der hilflosen Mutter Unrecht getan zu haben. Wut war etwas Verbotenes – und die Klientin beschämt.

Die Verstrickung

Der als dominant wahrgenommene Chef symbolisiert der Klientin unbewusst den herrschenden Vater. Solange sie durch ihre Arbeitswilligkeit glänzen kann, läuft das System im Normal-Modus. Anerkennung und Lob zu bekommen ist das altbekannte Ziel.

Kommt es nun zu massivem Druck auf die Klientin durch den Chef, setzt sich ihr Muster in Gang, sich entladen zu wollen – und zu müssen. Sie »schießt« wiederum gegen ihre Kolleginnen, die symbolisch in ihrem System für die Mutter stehen. Doch schnell beschämt über die Tatsache, selbst Wut nach außen geschleudert zu haben, steigt das Schuldgefühl in ihr auf. Kleinlaut kommt es zur Entschuldigung.

Die Klientin hat nun die Chance, durch das Wissen um ihr Muster eine Veränderung im System vorzunehmen. Das bedeutet: Bei der nächsten Explosion ihres Chefs, der wahrscheinlich in seiner eigenen Verstrickung steckt, kann sie ihr Empfinden über den Zornesausbruch erst einmal als Muster wahrnehmen und vielleicht zu einem geeigneteren Zeitpunkt den Dialog mit dem Chef suchen, um ihm ihre Gefühle über sein ungerechtes Auftreten mitzuteilen. Das ist mutig und schafft Klarheit. Die Kolleginnen sind nicht die Mutter, und sie haben nichts mit der Verstrickung zu tun, solange sie sich in keiner Weise involvieren.

Ideen für den Alltag

- Übungen zum Thema Wut und Zorn für sich selbst kann man in den Alltag integrieren (Anregungen dazu finden Sie in Kapitel 9, auf Seite 241).

- Es ist wichtig, in »Gefahren-Situationen« aufmerksam zu bleiben, bewusst seine Muster wahrzunehmen.
- Es kann helfen, vielleicht in einem ruhigen Moment ein ehrliches Gespräch mit den Kollegen zu führen.

Ein eigenes Beispiel: Störer von außen

Ich möchte an dieser Stelle noch einmal auf meine eigene Geschichte und ein Muster kommen, das aus der Verbindung zu meiner Mutter resultiert. Es gibt im Bekanntenkreis meines Mannes eine Frau Z., die er als Kundin betreut und zu der er auch eine oberflächliche Bekanntschaft pflegt. Ich kenne sie auch und gehe höflich und offen mit ihr um. Wir haben uns eher wenig zu sagen, so kommuniziert sie häufig mit meinem Mann, aber selten bis gar nicht mit mir. In unserem Bekanntenkreis wurde nun aber schon mehrfach erzählt, dass besagte Dame einige Geschichten über mich in die Runde streut. Allem Anschein nach fühlt sie sich zu meinem Mann hingezogen und empfindet mich als störend.

Ich hingegen sehe diese Frau, finde ihre unrechten Geschichten unnötig, steige aber nicht auf irgendetwas ein. Ich muss mich bei niemandem rechtfertigen und schon gar nicht versuchen, Frau Z. von mir zu überzeugen. Sie ist, wie sie ist und wo sie ist. Ich fühle mich sicher an meinem Platz und registriere ihre verzweifelten Bemühungen und unglücklichen Versuche, sich in einem besseren Licht darzustellen, einfach von außen. Bei wem auch immer sie Interesse wecken möchte, sie hat ihr eigenes Muster zu bedienen. **Stopp** des Bildes.

Das Muster

Ich bin bei meinen Eltern und meinen Großeltern aufgewachsen. Meine Eltern haben eine gemeinsame Firma aufgebaut. Ich erinnere mich, dass mein Vater damals einige weibliche »Fans« hatte, und meine Mutter sich dann ihrerseits männliche Verehrer suchte, um damit ihre Geschichte zu kompensieren. Eindrücke für mich, von denen meine Mutter wahrscheinlich nicht ahnt, dass ihre Tochter eine Prägung dadurch erfahren hat. Ich habe meine Mutter oft angestrengt und leidend wahrgenommen. Schwach in der Konfrontation mit meinem dominanten Vater und seinen »Verbindungen«. Ich wollte meine Mutter retten, dennoch vom Vater gesehen werden. Ein Hin- und Hergerissensein zwischen den Eltern und ihren »erwachsenen Themen«. Damit habe ich mir meinen ganz eigenen Platz konstruiert. Ich habe mich über sie gestellt.

Die Verstrickung

Durch die Wahl meiner Worte in der Fallbeschreibung ist die Geringschätzung, die ich für die Dame empfinde, bereits spürbar. Dasselbe habe ich als Kind für die weiblichen »Verbindungen« meines Vaters empfunden, die bei meiner Mutter Störgefühle ausgelöst haben. Und ebenso habe ich Männer herabgesetzt, die entweder dominant erschienen sind oder die zu dicht in das System unserer Familie eingedrungen sind und meiner Mutter zu nah kamen. Alle Kinder wünschen sich einfach nur glückliche Eltern. Aus den einschneidenden Eindrücken werden dann Strategien abgeleitet, die unangenehme Gefühle kompensieren sollen.

Ich reagiere heute in Situationen wie dem beschriebenen Beispiel oft mit »Nichtbeachtung« (was trotzdem eine Form der Beachtung ist) und stelle mich über die Person. Ich verachte sie und lasse sie in meinem System gar nicht erst zu.

Der Fall einer Klientin: Ich bin da, um die Welt zu retten

Die Klientin ist eine sehr engagierte Physiotherapeutin. Sie ist ständig dabei, sich Fortbildungen zu unterziehen und ihr Fachwissen auszubauen. Sie hat neben ihrer selbstständigen Tätigkeit noch einen Teilzeitjob im Krankenhaus und arbeitet an jedem zweiten Wochenende in einem Altenheim. Sie möchte unbedingt alles besonders gut machen und vielen, vielen Menschen helfen, sie aus ihrem Leid holen, sie retten. Mit Hilfe der Fortbildungen hofft sie auf mehr Wissen, besseres Wissen, auf mehr Heilung, auf die ultimative Rettung für ihre Patienten. Oft ist sie betrübt und von Sorgen geplagt, weil sie gerade bei den alten Menschen kaum Verbesserungen wahrnimmt.

Auch in ihrer Praxis hat sie einige Patienten, die zum wiederholten Mal mit derselben Problematik zu ihr kommen. Sie zweifelt oft an ihren Fähigkeiten. Sie zweifelt daran, dass sie in der Lage ist, die Menschen wirklich zu therapieren, ihnen Stabilität und Halt zu geben.

Schlaflose Nächte, Unruhe und sogar Angst vor Behandlungen sind die Folge. Die Kurse lehren sie neuste Techniken und Erkenntnisse, doch die nötige Sicherheit bei der Arbeit bleibt aus. Der Druck, alles richtig zu machen, ist kaum noch zu ertragen. **Stopp** des Bildes.

Das Muster

Die Klientin ist bei ihrer alkoholkranken Mutter aufgewachsen. Der Vater hat sich früh aus dem Staub gemacht. Die Klientin hat ihrer Mutter zur Seite stehen müssen und sie auch unfreiwillig in einem Entzug begleitet, den die Mutter unter ärztlicher Aufsicht zu Hause durchgeführt hat. Der Wunsch der Klientin, die Mutter zu retten und zu heilen, war immer groß. Sie hat Betreuern und Helfern der Mutter über die Schulter gesehen und beschlossen, besser als diese zu werden. Zu helfen und zu retten.

Der stete Drang nach mehr Informationen – der durch die Fortbildungen und die hohe Leistungsbereitschaft, diverse Jobs anzunehmen, zum Ausdruck kommt – kann auch in Verbindung mit dem fehlenden Vater gebracht werden. Ein »Gesehen-werden-Wollen« durch Tatkraft schwingt hier mit.

Die Verstrickung

Die vielen Patienten symbolisieren die kranke Mutter. Der Heilberuf wurde gewählt, um aktiv an Menschen Gutes zu vollbringen, um retten zu können. Um die Mutter retten zu können.

Die besonders alten und schwachen Patienten erhöhen den Druck der erfolgreichen Behandlung. Während ihrer Kindheit eine alkoholkranke Mutter zu begleiten, ihre Abstürze und »Beinahe-Tod«-Erfahrungen zu teilen löste eine ständige Verlustangst aus und weckte mehr und mehr den Rettungswunsch in der Klientin. Mit der Erkenntnis um das Muster und seine Herkunft kann die Klientin versuchen, bewusst zu sehen, dass die Patienten nicht ihre Mutter sind. Sie kann ihr Wissen und ihre heilenden Fähigkeiten fließen lassen, ohne die Verlustangst im Nacken. Das, was sie gibt, ist genau richtig in der Intensität, wie sie es kann. Sie muss niemanden retten.

Ideen für den Alltag

- Es ist wichtig, auch Verwöhnzeiten für sich selbst einzurichten.
- Die Klientin sollte gezielt die vielen neuen Projekte, Fortbildungen und ihren Schaffensdrang begrenzen und sich auch mal zurücklehnen.
- Es wäre hilfreich, Vertrauensübungen in den Alltag zu integrieren (siehe Seite 240).

Der Fall eines Klienten: Ausbruchversuche

Der Klient lebt mit seiner sechs Jahre älteren Frau schon viele Jahre zusammen. Sie bewohnen ein Haus, haben einen Hund und haben gemeinsame Hobbys und Schwerpunkte: Er ist Kommunikationstrainer in einer sehr renommierten Firma und hält nebenbei Vorträge an Universitäten. Sie ist als Selbstständige in der Werbebranche tätig, eine gefragte Frau. Der Altersunterschied spielt für die beiden keine Rolle. Sie ist attraktiv: Sie hat ein fröhliches Wesen und ist mit einem nahezu makellosen Äußeren ausgestattet. Er ist ebenso anziehend, ein echter Mister Nice Guy. Die beiden verstehen sich im Grunde blind. Ihr Privatleben können sie genießen. Reisen und sportliche Aktivitäten gehören genauso dazu wie die stillen Momente zu zweit. Leider gibt es einen entscheidenden Haken: Der Klient hat in regelmäßigen Abständen, manchmal auch länger andauernd, eine Affäre, die er seiner Frau natürlich verheimlicht. Meist mit jüngeren Damen aus seinem beruflichen Umfeld, die ihn anhimmeln und denen er nicht widerstehen mag. Er verbringt heiße Nächte und schöne Stunden mit ihnen, saugt die Aufmerksamkeit der jungen Frauen in sich auf und gibt verschiedene Facetten von sich preis. Er erklärt sogar, dass er authentisch ist in diesen heimlichen Verbindungen, dass er dort andere Teile von sich leben kann. Er sagt, dass er sich darüber spürt und dennoch zurück muss zu seiner Lebenspartnerin. Seine Frau, die (auch wenn sie es nicht immer artikuliert) weiß, was er treibt, nimmt die Sache manchmal gelassen – und manchmal dreht sie schlicht durch. Dann fliegen die Fetzen. Mörderische Wut auf beiden Seiten macht aus den Liebenden Hassende. Er fühlt sich schuldig, der Druck der Schuld macht ihn noch wütender und führt meist zu einer Kontaktpause zwischen den beiden. Dann verschwindet er in ein Hotel oder zu einem Freund, bis sie kommt, um ihn zu holen, und ihm verzeiht. Sie hingegen fühlt sich gedemütigt, nicht gesehen und verachtet. Das macht sie wütend bis hin zum Schuldgefühl ihrerseits, das sie wiederum veranlasst, den »Jungen« zurückzuholen. **Stopp** des Bildes.

Das Muster

Der Klient ist bei einem dominanten Vater und einer schwachen Mutter aufgewachsen. Seine Mutter hat versucht, ihn gut zu versorgen und liebevoll zu sein. Leider musste sie aus Angst vor Übergriffen des cholerischen Mannes stets auf der Lauer sein und konnte sich in ihrem Mutter-Dasein nicht entspannen. Der Klient hatte als Junge keine Chance gegen den mächtigen Vater. Schon früh wollte er fliehen, die Familie verlassen, aber drei Geschwister und seine Mutter haben ihn zurückgeholt – oder gehalten.

Seine Mutter hat ihm dann jedes Mal ein schlechtes Gewissen

eingeredet: Eine Mutter darf man nicht verlassen. Oft ist er tagelang nicht aus seinem Zimmer gekommen. Bis Mutter dann mit seinem Lieblingskuchen vor der Tür stand und ihn besänftigen konnte.

Die Verstrickung

In diesem Fall kommt es zu einer Verwechslung von Partnerin und Mutter. Den Klienten zieht es in die Ferne – da könnte man auf einer weiteren Ebene noch mal schauen, warum er bei einer harmonischen Partnerschaft den Drang hat, sich ständig anderweitig zu produzieren. Er sucht sich sein Glück. So wie er als kleiner Junge schon immer in die Ferne wollte, weg aus der Familie, um an einen besseren Ort zu gelangen. Anschließend kehrt er zurück, wie aus seinem Muster bekannt.

Die Partnerin/Mutter ist entsetzt und enttäuscht, es kommt zum Eklat. Sein Muster ist starke Wut, mörderische Wut – auch auf den Vater, der im Grunde hinter allem Leid für ihn steht. Und Wut auf die Mutter, die über das Schuldprinzip die Bindung zum Sohn fester schnürt. Rückzug gleich Kontaktentzug, als Strafe für die Mutter beziehungsweise Partnerin, ist der nächste Schritt, um sich aber dann besänftigen und wiederholen zu lassen. Schließlich bleibt ein Sohn bei seiner Mutter, ein Mann bei seiner Frau.

Die Partnerin hat ihr eigenes Muster: Sie wünscht sich gesehen zu werden und will die Verbindung nicht aufgeben. Schließlich kennt sie die Alleingänge eines Mannes von ihrem Vater, und sie hat von ihrer Mutter gelernt, sich irgendwie damit zu arrangieren. Ihr Muster passt also auf das Schema des Mannes ganz wunderbar, sodass die beiden ihre Verstrickung problemlos bis in alle Ewigkeit leben könnten. Wäre da nicht die Möglichkeit zu erkennen, zu verstehen und zu verändern.

Ideen für den Alltag

- Als Paar offene und ehrliche Gespräche über die eigenen Erfahrungen zu führen ist das A und O.
- Sich selbst in Krisensituationen zu beobachten und zu spüren, wann das Muster antickt, hilft dabei, einfacher aus der »Muster-Spirale« aussteigen zu können.

Die Sinne schärfen

Ich hoffe, dass es Ihnen nach den oben genannten Beispielen auch leichter fällt, eigene Muster und damit ihre Verstrickungen mit dem Partner, mit Freunden oder Arbeitskollegen zu erkennen. Meistens steigen wir umso heftiger in einen Disput ein, je berührter wir von dem Thema durch unsere Prägung sind. Und umso mehr sind wir dann »Kind«.

Wenn wir aber schon einmal wissen, woher unsere Regungen kommen, und dem »Monster« ins Gesicht sehen, verliert es schnell seine gruseligen Züge. Je leichter wir dann mit den Mustern umgehen können, desto geklärter sind wir. Ganz einfach. Oder?

Unsere Geschichte bleibt, die Prägung auch, aber die Intensität, mit der wir uns betroffen fühlen, lässt nach. Das Gefühl gehört zu uns, wir können es wahrnehmen, aber es wirft uns nicht mehr aus der Bahn, und wir müssen uns nicht mehr überall verstricken.

Wir sehen klar. Uns selbst – und damit auch unsere Mitmenschen und Freunde auf dem Weg. Wir brauchen dann keine Erwartungen mehr an andere Menschen zu stellen, dass sie uns dieses oder jenes erfüllen müssen, damit wir uns glücklicher, versorgter, gesehener und sonst was fühlen. Und umgekehrt brauchen wir uns nicht verpflichtet fühlen, die Muster anderer Menschen weiter zu bedienen, ihnen ihre Erwartungen zu erfüllen.

Wir sind nicht deren Mutter und nicht deren Vater. Alles, was wir mit Partnern, Freunden, Geschäftspartnern und Kollegen teilen, darf aus reinem Überfluss und frei miteinander geschehen. Sich dessen immer wieder bewusst zu werden ist ein gutes Stück Arbeit. Das Verstandene zu integrieren ist und bleibt eine Lebensaufgabe. Ich persönlich glaube, dass es nie aufhört mit der Entwicklung und der Selbsterkenntnis: Das ist Leben.

Verliebt, verlobt, verheiratet …
geschieden: Meine große
bunte Familie

Meine Familie. Das sind mein Mann, seine Kinder, seine Exfrau, mein Exmann und meine beiden Adoptivkinder mit ihren eigenen Wurzeln.

Es ist gar nicht so einfach, alle unter einen Hut zu bringen oder vielmehr jedem Familienmitglied seinen Platz einzuräumen und dabei alle Bedürfnisse gebührend zu beachten. Wie wichtig jedoch die Würdigung und Wahrnehmung für alle Verbundenen ist, zeigt sich im Alltag. Verdrängen und Verachten macht es schwierig und führt zu Problemen. Ich spreche da aus Erfahrung.

Da ich meine beiden Kinder als Säuglinge in Deutschland adoptieren konnte, habe ich ein riesiges Geschenk, aber auch eine große Verantwortung in die Arme gelegt bekommen. An diesem Punkt konnte ich mir überlegen, ob ich meine beiden Kinder im Glauben aufwachsen lasse, dass ich nicht nur ihre »Herzmama«, sondern auch ihre »Bauchmama«, also die leibliche Mutter, bin, und ihnen zu einem späteren geeigneten Zeitpunkt ihre Herkunftsgeschichte erzählen sollte. Damit sie vielleicht eine unbeschwerte, »normalere« und leichtere Kindheit haben würden ohne das Prädikat »adoptiert«.

Nur wann wäre dann dieser geeignete Zeitpunkt? Wie würde ich es den Kindern erklären? Wie würde ich bis dahin selbst mit meinem Wissen beziehungsweise meinem Schweigen umgehen? Was ist mit ihren Wurzeln, ihrer Herkunft? Vergessen, verdrängt, ignoriert? Und würden auch alle anderen in unserem Umfeld schweigen? Für mich gab es keine Frage: Ich wollte die Wahrheit leben. Ich wollte keine Geschichten konstruieren. Ich wollte nicht nur meine Kinder annehmen, sondern alles, was zu ihnen gehört. Ihre Herkunftsgeschichten und damit ihre leiblichen Eltern. Ihre Wurzeln eben. Und außerdem sind meine Kinder echte Wunschkinder für mich, und da passt doch das Prädikat »besonders« sehr gut. Es ist ihre Geschichte. Meine Kinder damit unverkrampft aufwachsen zu lassen, ist für mich der Weg. Spielerisch, so nenne ich es mal, habe ich meinen Kindern bei den ersten Fragen nach ihrer Herkunft (ob sie auch in meinem Bauch gewesen wären) erklärt, dass sie in meinem Herzen gewachsen sind und eine andere Mama sie in ihrem Bauch hatte. Ihre beiden Mamas bekommen mit jedem Jahr, das meine Kinder älter werden und in dem sie mehr verstehen, mehr Präsenz in unserem Leben. Einfach in dem Maß, wie sich meine Kinder mehr und mehr mit ihrer Geschichte und ihren Gefühlen auseinandersetzen. Sie stellen mir Fragen und sind auf ihrer persönlichen Spurensuche. Mein Sohn hat sogar das Glück, einen lockeren Kontakt zu seiner leiblichen Mutter wachsen zu lassen. Sie ist aufgeschlossen, im Reinen mit der Adoptionsthematik und eine starke Frau, die um ihre »unsichtbare« Verbindung zu ihrem Sohn, der als mein Kind aufwächst, weiß. Leider hat meine Tochter bis heute noch nicht die Chance auf ein Treffen mit ihrer leiblichen Mutter bekommen. Aber sie spricht über ihre Sehnsucht nach einem Kennenlernen mit ihren leiblichen Eltern, und ich weiß heute, wie wichtig und richtig meine Entscheidung war, den Kindern und ihren Wurzeln den entsprechenden Platz in unserem Familiensystem einzuräumen. So hat diese besondere Konstellation doch etwas völlig Normales bekommen. Bei uns ist es eben so – und alle haben einen Platz. Keiner wird hinausgedrängt, verschwiegen oder verachtet.

Weniger einfach waren unsere ersten Jahre als Patchwork-Familie mit der Exfrau meines Mannes und dem Verständnis für unsere neue Situation. Teil der Grundlage für ein friedvolles Miteinander in einer solchen Situation ist es, dass allen klar ist: Gemeinsame Kinder stellen eine lebenslange Verbindung als Vater und Mutter dar. Damit gibt es Rechte und Pflichten auf beiden Seiten. Und es gibt für alle involvierten Familienmitglieder (auch die neuen) einen Platz im System.

Kinder wünschen sich immer die Liebe beider Elternteile und leiden unter der Verachtung, die sich Erwachsene oft gegenseitig zeigen. Ein Miteinander, das weiß schon das kleinste Kind, ist doch schöner als ein Gegeneinander.

Systeme erkennen – Fallbeispiele

Wir haben nun Informationen über die Charakterstrukturen, konnten unsere Stärke und unsere Macht erkennen. Wagen wir jetzt den Sprung, noch einmal unter Zuhilfenahme der familiensystemischen Ordnung Verstrickungen zu erahnen, die uns beeinflussen und uns nicht frei leben lassen. Sich dabei selbst wieder genau unter die Lupe zu nehmen und zu schauen, an welcher Stelle man seine eigene Kraft deplatziert, ist sehr spannend. Wo vergibt man unnötig Energie, weil man für oder gegen etwas im System kämpft? Welche Zugehörigkeit möchte ich unbedingt erzeugen, obwohl sie einen anderen Stellenwert als den von mir gerade gewünschten hat? Was gehört zu mir und was eben nicht?

Über Fallbeispiele aus dem Leben möchte ich Ihr Verständnis für besagte Zugehörigkeiten wecken und Ihnen erneut den Raum lassen, Ihr eigenes System besser abgleichen zu können.

Tochter am falschen Platz

Als Tochter ist es wichtig, dass man seinen Platz als Kind im Ursprungssystem belegt und nicht auf die Partnerebene mit einem Elternteil rutscht. Ein Kind bleibt immer das Kind seiner Eltern, es ist **nicht** Partner und **nicht** einer der »Großen« im System. Wie es aussehen kann, wenn das nicht gelingt, zeigt folgendes Fallbeispiel: Marita S. ist verliebt. Sie lebt als Studentin noch bei ihren Eltern und genießt Hotel Mama. Ihr neuer Freund Bernd ist ein eher seltener Übernachtungsgast im Hause S., denn Papa Franz hat seine Schwierigkeiten mit dem neuen Mann an Maritas Seite.

Und Bernd ist tatsächlich nicht der erste Vertriebene: Papa Franz hat immer etwas zu meckern. Kein Mann ist tüchtig genug für seine Prinzessin, keiner bringt die Qualitäten mit, die Franz selbst auch verkörpert und die seine Tochter doch zu schätzen weiß.

Franz und Marita sind eben ein eingespieltes Team. Sie gehen regelmäßig Tennis spielen, schrauben gemeinsam an ihren Motorrädern und genießen im Sommer das Baden im hauseigenen Teich. Mama Sylvia pflegt ihre eigenen Hobbys und ist viel mit ihren Freundinnen unterwegs. Sie hätte jedoch nichts dagegen, wenn Marita langsam ihr Leben selbst in die Hand nehmen würde, ohne den Papa an ihrer Seite, sondern mit Bernd oder einem anderen netten Mann. Ein Auszug aus Hotel Mama würde Raum für Sylvia und ihren Mann bedeuten, sie könnten endlich wieder Gemeinsamkeit ohne die große Tochter leben.

Die Lösung erkennen

Betrachten wir das Beispiel, können wir von einer Verschiebung der Tochter- und Partnerin-Ebene ausgehen: Franz, der eifersüchtig ist und damit die potenziellen Partner seiner Tochter vergrault, pflegt eine sehr enge Bindung zu seiner Tochter. Marita wiederum nutzt die Unterstützung durch Hotel Mama und verändert die Situation ihrerseits auch nicht. Der größte Teil ihrer Freizeit gehört den Aktivitäten, die sie mit ihrem Vater teilt. Um aber frei und auf einer Ebene mit dem Partner die Entwicklung einer jungen Liebe wachsen zu lassen, ist die Lösung aus dem elterlichen Haushalt und damit aus der sehr engen Verbindung zum Vater ratsam.

Die Zugehörigkeit im Dreieck Vater-Mutter-Tochter ist klar einzuhalten: Vater und Mutter nebeneinander. Die Tochter, als die »Kleine« von beiden Elternteilen, vor ihnen.

Natürlich ist auch eine Verschiebung der Zugehörigkeit durch die Mutter, die sich mit einem Kind auf einer Ebene wiederfindet, als störend zu sehen. Hier ist ganz klar die Ansprache an die Eltern zu richten, die als Eltern die »Großen« sind und damit die entsprechende Verantwortung tragen. Miteinander sollten sie auf einer Ebene agieren, zu ihrem Kind gewandt, das als Tochter die Kleine im System ist.

Die Tochter hat die Möglichkeit, über die Erkenntnis um die Verwicklung auf einer falschen Ebene eine Loslösung vom Vater auf Partnerebene anzustreben. Das pure Erkennen, das zum Verstehen führt, ist dabei schon eine erste Heilung.

Verhängnisvoller Seitensprung

Mit der Ehe gehen zwei Menschen eine enge und intensive Bindung ein. Dennoch ist die Verbindung eines Paares, das ein gemeinsames Kind hat, stärker. Entsteht nun trotz Ehe in einer außerehelichen Beziehung ein Kind, gerät das System in Schieflage. Dazu ein Beispiel: Svenja und Tom wollen heiraten. Sie kennen sich bereits viele Jahre und leben in ihrem gemeinsam finanzierten Haus.

Nach mehr als vier Jahren Beziehung sind die beiden sich einig: Die Krönung ihrer Liebe wird eine glückliche Ehe sein. Ein großes Fest mit allen Freunden und den obligatorischen Junggesellenabschiedspartys stehen auf der Agenda.

Svenja gönnt sich einen Streifzug über die Reeperbahn mit ihren Freundinnen. Tom und seine Kumpels lassen es so richtig krachen. Privatparty mit *private dance.* Die »heiße Lola« wird in dieser Nacht Toms Verhängnis: Stockbetrunken und scheinbar von Sinnen hat Tom in dieser Nacht Geschlechtsverkehr mit der gebuchten Stripperin. Aber ein Gentleman genießt und schweigt. So hört Tom erst wieder von Lola, die eigentlich Britta heißt, als sie ihm von ihrer Schwangerschaft im siebten Monat berichtet.

Svenja ist ahnungslos.

Dennoch verschlechtert sich die Beziehung des einstigen Traumpaares mit jedem Tag. Tom fühlt sich schuldig, und irgendwie spürt Svenja, dass mit ihrem Mann etwas nicht stimmt. Lara wird geboren, und Britta wünscht sich von Tom nichts außer seiner Unterstützung als Vater des Kindes.

Svenja – immer noch unwissend – gerät mit Tom mittlerweile in laute Auseinandersetzungen über die kleinsten Unstimmigkeiten. Noch dazu wünscht sich Svenja ein Baby von ihrem Mann, der jedoch aus unerfindlichen Gründen »noch nicht Vater werden will«. Irgendwann droht die Situation zwischen Svenja und Tom zu eskalieren. Es platzt aus dem geplagten Ehemann heraus: Svenja erfährt von seiner Untreue, dem Baby, den Heimlichkeiten zwischen Tom und Britta und zieht sich entsetzt und gedemütigt zurück.

Die Lösung erkennen

Betrachten wir das Beispiel, geht es darum, dass das Gesetz der Zugehörigkeit verletzt wurde und nun ein Ausgleich geschaffen werden muss. Svenja, die als erste Frau in Toms System ist, hat erst einmal das Recht der »älteren« Frau, mit der Wahrheit bedacht zu werden.

Durch das gemeinsame Kind mit Britta ist jedoch für Tom zu dieser Frau eine sehr starke Bindung entstanden. Ein Kind bindet zwei Menschen lebenslang. Svenja davon nicht in Kenntnis zu setzen und über viele Monate zu schweigen, hat Toms »Schuld« wachsen lassen. Die Zugehörigkeit zum Kind steht hier außer Frage, aber um einen Ausgleich anstreben zu können, muss Tom zuerst mit Svenja über die Geschehnisse sprechen.

Dass Tom nun als Vater eine Zugehörigkeit zu Britta und seiner Tochter Lara hat, sollte von Svenja verstanden werden. Und dass ihre Beziehung nun vor einer besonderen Herausforderung steht, liegt auf der Hand. Zwischen Tom und Svenja muss ein Ausgleich geschaffen werden, der die Beziehung wieder ins Gleichgewicht bringt. Die Lösung ist jetzt sicher nicht, dass Svenja nun auch ein außereheliches Kind »gut« hat, aber um die Gewichtigkeit der Störung zwischen dem Paar verständlich zu machen, formuliere ich es einmal so salopp.

Gut ist, wenn sich Paare mit einem solchen »Vorfall« gemeinsam über einen Ausgleich besprechen und sie einen wirklichen Frieden schließen. Hier ist erwachsenes Denken gefordert. Denn nur wenn die Versöhnung und der Ausgleich echt sind, hat die Beziehung eine Chance. Sonst zerbricht ihre Verbindung womöglich daran.

Die Nummer zwei

Für die zweite Ehefrau eines Mannes ist es wichtig, zu verstehen, dass seine Exfrau und die gemeinsamen Kinder trotz ihrer Trennung noch ein geschlossenes System bilden. Meist leben Kinder nach einer Trennung bei ihrer Mutter. Sie besuchen im besten Fall ihren Vater regelmäßig und erleben ihn dann möglicherweise mit einer anderen Frau als Partnerin an seiner Seite.

Oft kommt es hier zu unerwünschten Querelen aus Eifersucht und Neid. Die jeweiligen Expartner und die neuen Partner schaffen es oft nicht, ihre Plätze zu finden und den Kindern wiederum ihren Raum im System zu lassen. Oft kommt es noch zur Instrumentalisierung der Kinder, die irgendwann gar nicht mehr wissen, wo sie hingehören. Das hat logischerweise Auswirkungen auf ihr eigenes Dasein. Darum geht es auch im folgenden Beispiel: Thorsten L. ist von Friederike B. geschieden. Sie haben zwei kleine Kinder. Ihr Sohn ist fünf Jahre alt, die Tochter sieben. Beide sind nach der Trennung im Haushalt der Mutter geblieben und pflegen einen regelmäßigen Kontakt zum Vater. Thorsten L. ist als Erster wieder in einer neuen Beziehung. Seine neue Partnerin Veronika W. wird nach nicht allzu langer Zeit schwanger von Thorsten. Die beiden heiraten, die neue Familie zieht zusammen.

Veronika hat kein besonders gutes Verhältnis zu den beiden Kindern aus der ersten Ehe ihres Partners, und auch der Kontakt zu dessen Exfrau ist für Veronika nur unter Anstrengungen möglich.

Thorsten hingegen liebt seine Kinder und wünscht sich einen neutralen Umgang mit seiner Exfrau. Das ist allerdings nicht möglich, denn sie macht immer noch einen verletzten Eindruck. Sie lässt keine Möglichkeit aus, den Kindern zu berichten, welch ein Versager ihr Vater ist. Überhaupt sind für Friederike alle Männer Versager. Eine These, die sie aus ihrem Elternhaus kennt. Um aber aus ihrem Sohn, der irgendwann auch ein Mann wird, einen besseren Mann zu machen, hütet sie ihn besonders. Er schlief viele Jahre im ehemaligen Ehebett an ihrer Seite. Er führt bei Tisch den Vorsitz und hat auch sonst sämtliche Privilegien eines Hausherrn.

Veronikas Kind wird geboren, und die Situation zwischen Thorsten, dessen Exfrau und den Kindern aus der ersten Ehe verschlechtert sich drastisch. Der neue Sohn erfüllt den Vater zwar mit viel Stolz, aber er scheint durch die Geburt immer weniger Zugang zu seinen beiden Kindern aus erster Ehe zu haben. Das Familiensystem gerät ins absolute Ungleichgewicht. Auf Wunsch der neuen Frau finden die Treffen mit seinen beiden älteren Kindern nur noch in der Öffentlichkeit und nicht zu Hause statt. So lernen sich die Halbgeschwister nicht einmal mehr kennen.

Die Lösung erkennen

Betrachten wir dieses Beispiel, geht von allen Beteiligten eine Missachtung der systemischen Gesetze aus.

Thorsten – Vater von zwei Kindern aus erster Ehe – gehört ganz klar als Vater zu seinen Kindern und als gleichwertiger Elternteil an die Seite der Exfrau. Das bedeutet nicht, dass die beiden Expartner auf ewig ein Paar bleiben müssen. Vielmehr geht es um die gleichwertige Behandlung vor und mit ihren Kindern. Seine erste Frau wird immer die Nummer eins im System bleiben.

Die neue Partnerin darf das Recht der Zugehörigkeit ihres Mannes zu seiner alten Familie nicht negieren, sonst bringt sie damit ein Ungleichgewicht in die neue Partnerschaft, und es entsteht eine »Schuld« in der neuen Verbindung.

Gleiches gilt für die Kinder ihres Ehemannes Thorsten. Die Erstgeborenen haben ältere Rechte, und sie dürfen nicht verleugnet und abgeschoben werden. Wird diese Grundregel schon mal befolgt, ist Treue dann das wesentliche Bindemittel, das ein System gelingen lässt.

Friederike schafft sich allerdings ihre eigenen Fallen. Indem sie ihrem Sohn den Platz an ihrer Seite einräumt, hebt sie das in ihrer Ehe geborene zweite Kind auf Partnerebene und verstößt somit doppelt gegen das Gesetz der Ordnung und der Rangfolge: Ihre ältere Tochter hätte zu Hause ältere Rechte und daraus resultierend später mehr Pflichten und Verantwortung zu tragen. Friederike macht ihren Sohn zum »Partner«, damit wird er nicht nur über die ältere Schwester gestellt, sondern auch über den Vater.

Macht schwingt mit. Friederike, die ihren Exmann vor den Kindern schlecht darstellt, erhebt sich über Thorsten.

Sie möchte mächtiger, präsenter, herrschender sein, sie ist bestrebt, ihren Exmann vor den Kindern klein zu halten, um die Kinder wiederum mehr an sich zu binden. Außerdem benutzt sie ihren

Sohn, sie platziert ihn auf der Ebene des Ersatzpartners, aus dessen Rolle nur sie ihn wieder erlösen kann. Nur sie hat die Macht dazu.

Die Tochter lernt von ihrer Mutter, so wie diese es von ihrer Mutter gelernt hat, dass Männer Versager sind und die Frauen machtvoll genug, einem Mann einen Platz nach ihrem Gutdünken zuzuweisen.

Die Lösung ist erst einmal die Besinnung aller beteiligten Erwachsenen in diesem System auf ihren tatsächlichen »Platz«. Niemand hat hier das Recht, sich überzuordnen und die Beteiligten wie Puppen umzupositionieren. Sicher ist, dass die Kinder alle unter dem System und den Verstrickungen leiden werden und die Prägung für ihre Zukunft eine ungewünschte Richtung bekommt. Das Erkennen um den Verstoß gegen die Gesetze ist ein erster wichtiger Schritt, und dann kann nur jedes einzelne Familienmitglied (ich spreche über die »Großen«) sich und seinen Platz überdenken und sich entsprechend verhalten.

Die erstgeborenen Kinder von Thorsten haben einfach das Recht auf ihren Vater, und die neue Frau sollte sie nicht des Hauses verweisen. Friederike täte gut daran, ihren Sohn nicht als Partner zu »missbrauchen« und ihn genau wie ihre Tochter als Kind zu betrachten. Thorsten sollte seiner ersten Frau nicht Verachtung, sondern Respekt entgegenbringen: Schließlich hat sie seine Kinder geboren.

Sie sehen: Wenn sich jeder auf sich besinnt und seinen Teil in Ordnung bringt, fügt sich ein System wieder harmonisch ineinander.

Wenn Zugehörigkeiten ignoriert werden

Frank mit seinen beiden Kindern und Paula mit ihren beiden Kids finden als Patchwork-Familie zusammen. Beide Partner waren bereits einmal verheiratet und sind nun in zweiter Ehe miteinander verbunden. Die Kinder stammen jeweils aus der Partnerschaft mit den Expartnern und leben nun gemeinsam in der neuen Familie. Die Kinder verstehen sich grundsätzlich gut, allerdings gibt es Kompetenzprobleme zwischen den Kindern und dem jeweils nicht leiblichen Elternteil. Wichtig ist hier zu verstehen, dass die leiblichen Eltern weiterhin ein gemeinsames System für die Kinder darstellen und der neue Partner nicht den »fehlenden« Elternteil ersetzen kann. Hier greifen System und Subsystem ineinander.

Frank und Paula leben mit ihren vier Kindern in einer geräumigen Wohnung am Stadtrand von Hannover. Jedes Kind hat ein eigenes Zimmer, und das Verständnis untereinander ist recht gut. Die üblichen Zankereien, die es bei Kindern dieses Alters eben gibt: Paulas Töchter Lena und Greta, ein Zwillingspaar, sind zehn Jahre alt, und Franks Söhne, Florian und Basti, sind elf und zwölf.

Frank, der als Alleinverdiener viel unterwegs ist und sich als guter Versorger bemüht, seine Familie glücklich zu machen, bekommt von den Alltagsquerelen zu Hause nicht viel mit. Paula, die den Traum einer großen Familie mit Frank und den Kindern leben kann, möchte gern eine Vorzeigemutter sein. Sie tut alles für die vier Kinder. Florian und Basti scheinen das allerdings nicht immer zu schätzen. Der Wunsch ihrer »Stiefmutter«, Mama genannt zu werden, missfällt ihnen mit zunehmendem Alter immer mehr. Sie waren drei und vier, als sie auf ihre Stiefschwestern und die neue Mutter trafen.

Lena und Greta fällt es hingegen leicht, ihren neuen Papa auch so zu nennen. Zu ihrem leiblichen Vater haben sie keinen Kontakt mehr. Paula hat nach der Trennung beschlossen, dass es für die Mädchen einfacher sei, ohne ihn zu sein, weil sie so nicht durch ständige Besuche an ihren Vater erinnert würden. Damit hat sich ihr Exmann abgefunden, und ihre Töchter haben den neuen Mann dankbar als Vaterfigur in ihr Leben gelassen. Besser als gar keinen Papa.

Franks Exfrau, die sich für ihre Karriere anstatt für ihre Kinder entschieden hat, nimmt ihr vierzehntägiges Umgangsrecht konsequent wahr. Nach den Besuchen bei ihrer leiblichen Mutter empfindet die engagierte Hausfrau Paula die beiden Jungs als sehr aufmüpfig und ablehnend.

Die Lösung erkennen

Betrachten wir dieses Beispiel, sehen wir, dass das Gesetz der Zugehörigkeit verletzt wird: Die Zugehörigkeit der Mädchen zu ihrem leiblichen Vater und die der Jungen zu ihrer leiblichen Mutter ist als Erstes zu verstehen. In einer Patchwork-Familie mit Kindern, die keine gemeinsamen sind, finden wir zwei Ursprungssysteme (die Kinder jeweils mit ihren leiblichen Eltern) und ein Subsystem (die neue Verbindung von Mann und Frau als Familie).

Es ist nicht richtig von Paula, den Söhnen ihres Ehemannes Zuwendung abzuringen, etwa indem sie sich als »Mama« ansprechen lässt. Ihr Ehemann und seine Exfrau bilden trotz Trennung ein System mit ihren gemeinsamen Söhnen.

Genauso ist es bei Paula und ihren Töchtern: Ihr Exmann, sie und ihre Kinder bilden ein geschlossenes System.

Ihren Töchtern den Vater vorzuenthalten, ist falsch und wird Folgen haben. Paula hat sich damit ein Recht herausgenommen, das sie nicht hat. Einen Ausgleich für ihren Exmann, aber unbedingt auch für die Töchter zu schaffen ist wichtig. Zu wissen, dass sie alle noch in ein System gehören und als Vater und Mutter gleiche Rechte haben, sollte Paula lernen zu akzeptieren.

Wichtig für Frank ist es, seinen Söhnen den Raum mit ihrer Mutter zu gönnen und seiner Ehefrau klarzumachen, dass er gern eine Vaterrolle bei deren Töchtern übernimmt (wenn es dann tatsächlich so ist), aber dem leiblichen Vater seinen Platz nicht streitig macht. Das wird sicher zur Entspannung aller Beteiligten führen. Jedes Familienmitglied möchte gesehen werden als das, was es ist.

Das Kind fremder Eltern

Wenn man das Kind fremder Eltern annimmt, hat man eine wertvolle und wichtige Aufgabe übernommen. Dieses Kind, das oft von den Adoptiveltern lange ersehnt und erwartet wurde, bringt allerdings seine ganz eigene Geschichte mit. Trotz der fehlenden Nähe zu seinen Wurzeln ist es dem System seiner leiblichen Eltern zugehörig. So wie im folgenden Beispiel: Leila hat eine glückliche Kindheit verbracht. Ihre Eltern Ronja und Sven haben alles für sie getan und ihr jeden Wunsch von den Augen abgelesen.

Dass ihre Mutter brünett, ihr Vater schwarzhaarig und sie selbst strohblond ist, hat sie bereits als Kind verwundert. Aber sonst waren sie eine fröhliche kleine Familie. Maria hat ihre Tochter stets bei allem unterstützt und war immer mehr als stolz, wenn die Tochter wieder eine Hauptrolle in der Ballettaufführung absolvierte. In der Schule war Leila ein aufgewecktes, strebsames und von allen akzeptiertes Kind. Bis zu jenem Tag, als Leila in die Oberstufe wechselte und irgendeine neue Referendarin behauptete, ihren leiblichen Bruder zu kennen.

Leila ist ein Adoptivkind. Ronja und Sven konnten keine leiblichen Kinder bekommen. Leider haben die beiden den Zeitpunkt verpasst, ihrem Herzkind die Wahrheit über ihre Herkunft selbst zu erzählen. Leilas Vertrauen ist damit zerstört. Ihr Wunsch, etwas über ihre leiblichen Eltern zu erfahren, ist groß. Sie möchte die Frau sehen, die ihr das Leben schenkte und sie dann in die Hände fremder Eltern gab. Sie möchte wissen, von wem sie ihre Augen, ihren Mund und ihre hellen Haare hat. Warum sie gern tanzt und ob sie ihr Lachen auch vererbt bekommen hat. Sie möchte wissen, wie der Mann ist, der wirklich ihr Vater ist. Sie will ihm in die Augen schauen und fragen, ob er sie auch nicht wollte.

Ronja und Sven sind dagegen. Sie glauben, dass eine Begegnung noch nicht gut für Leila wäre, und halten an der mit dem Jugendamt getroffenen Regelung des Inkognito-Verfahrens fest: Noch hat ihre Adoptivtochter kein Recht auf Akteneinsicht, und solange das so ist, verwehren sie ihr den Zugriff auf ihre Lebensgeschichte.

Die Lösung erkennen

Betrachten wir dieses Beispiel, so ist das Gesetz der Zugehörigkeit zu den Wurzeln des Kindes missachtet.

Systemisch betrachtet bilden Leila und ihre leiblichen Eltern ein Dreieck von Vater, Mutter und Kind. Sie gehören in ein System. Für Adoptiveltern ist es wichtig, sich dessen immer bewusst zu sein, dass man das Ursprungssystem seines Kindes nicht verleugnen darf. Dem Kind die Chance auf Wahrheit und Selbstfindung zu schenken ist ein wichtiger Bestandteil einer wahrhaften Verbindung. Die Zugehörigkeit von Leila zu ihren Wurzeln ist nicht auszulöschen oder zu verleugnen. Den Kontaktwunsch der Tochter zu ihren Eltern zu blockieren schafft weitere Probleme für das gemeinsame Zusammenleben und führt zu mehr Distanz.

Papas zweite Frau und meine Schwester

Für ein Kind gibt es keinerlei Verpflichtung gegenüber einer neuen Frau des eigenen Vaters. Sie ist nicht die Mutter und bildet somit ein Subsystem mit ihm. Ein gemeinsam gezeugtes Geschwisterkind hingegen bildet ein geschlossenes System mit Vater und Mutter. Ein Beispiel auch dazu: Brigitta ist als kleines Mädchen zwischen ihren getrennten Eltern gependelt. Sie hat jeweils eine Woche bei ihrer Mutter und eine Woche bei ihrem Vater verbracht. Ihre Mutter blieb viele Jahre allein, ohne einen neuen Partner. Ihr Vater Rolf hingegen hat eine neue Ehefrau und mit dieser auch eine Tochter, Marita, mit der sich Brigitta meistens gut versteht. Simone, die zweite Frau des Vaters, war und ist immer sehr herzlich zu Brigitta.

Trotz der geklärten Verhältnisse hat Brigitta eine gewisse Ruhelosigkeit entwickelt, und bisweilen kann sie nicht definieren, wo ihr Platz ist. Auch heute mit knapp vierzig Jahren fällt es ihr schwer zu benennen, wo sie ihre Kindheit am liebsten verbracht hat. Zu ihrer Mutter hat sie »Mama« gesagt, und zu Simone hat sie »Mutschi« oder Moni gesagt, so wie Marita. Rolf, der als Selbstständiger ein Versicherungsbüro mit zehn Angestellten führt, hat beide Töchter in sein Unternehmen eingearbeitet. Nun wünscht er sich, in Rente zu gehen, und das Problem der Übernahme steht an.

Die Lösung erkennen

Betrachten wir dieses Beispiel, ist auch hier die jeweilige Zugehörigkeit als wichtig zu erachten: Brigitta ist als Kind ihres Vaters Rolf und seiner ersten Frau sein erstgeborenes Kind und mit ihm und ihrer Mutter in einem System zu finden. Rolfs neue Partnerin und seine zweite Tochter bilden hierzu ein Subsystem. Das heißt, die Nummer eins in der zeitlichen Rangfolge bleibt auch hier Brigitta, und damit hat sie die älteren Rechte.

Die neue Frau des Vaters als eine Mutter zu betrachten oder zu benennen ist nicht richtig. Es ist wichtig, dass in solchen familiären Konstellationen die Kinder wissen, dass ihre Wurzeln die Basis für ihr Leben bilden. Kein Negieren, kein Verachten, kein Ersetzen der Mutter und des Vater aus dem Ursprungssystem.

Eine große bunte Familie

Verheiratet, geschieden, zweite Ehe, leibliche Kinder und ein adoptiertes Kind, Mutter und Vater mit neuem Partner und drei Stiefgeschwister … ein ganz normaler »Haufen«. Dennoch ist es wichtig, die Rechte und Zugehörigkeiten der Einzelnen im System nicht zu verdrängen. Wie im folgenden Beispiel: Claudia lebt mit ihrem Mann Felix in zweiter Ehe, gemeinsam haben sie drei Kinder. Sony ist ihre gemeinsame Adoptivtochter. Dazu kommt noch Paul, Claudias Sohn aus erster Ehe, und Benita, Felix' Tochter aus seiner früheren Beziehung mit Daniela. Claudia selbst ist ohne ihren Vater aufgewachsen. Ihr Vater Gunther lebt mit seiner dritten Frau und den zwei gemeinsamen Kindern weit entfernt von seiner Tochter aus erster Ehe. Magrit, Claudias Mutter, hat auch wieder geheiratet und einen weiteren Sohn, Lukas. Regelmäßig besucht sie ihre Tochter und die Enkelkinder. Lukas hingegen lässt sich seltener blicken.

Claudia hat ihren Vater kaum als solchen erlebt und hat später auch ihren Sohn Paul erfolgreich von seinem Vater entfernt. Ihre Tochter Sony kennt ihre leiblichen Eltern nicht, weiß aber, dass sie adoptiert ist.

Die Lösung erkennen

Betrachten wir das Beispiel, so gibt es hier eine Menge Zugehörigkeiten und Rangfolgen zu erkennen beziehungsweise einzuhalten.

Die erstgeborenen Kinder von Claudia und Felix sind mit ihren Eltern in einem System zu betrachten. Ihre gemeinsame Adoptivtochter bildet zwar ein neues Subsystem mit ihnen, hat aber ein Herkunftssystem, das nicht verleugnet werden darf.

Claudias Eltern bilden auch jeweils System und Subsystem, wobei Claudia gemeinsam mit ihren Eltern den Ursprung darstellt. Die Halbgeschwister bilden mit ihren Eltern wieder ein geschlossenes System. Als Erstgeborene ihrer Eltern hat Claudia das Recht der Älteren. Nach ihrem Alter und der Zugehörigkeit zu Vater oder Mutter fügen sich die anderen Geschwister an.

Im Familiensystem hat die Mutter die Macht

Eins gilt für alle Familien: die systemischen Gesetze mit ihren Regeln und Zugehörigkeiten. Wir haben Vater, Mutter und die Kinder – und jeder hat seinen Platz im System. Manchmal liest es sich ganz schön kompliziert, ich hoffe, Sie konnten die Zugehörigkeiten trotzdem erkennen und verinnerlichen. Es lohnt sich wirklich, die Ordnungen zu beachten und jedem seinen Platz zu gewähren. Aber wahrscheinlich fragen Sie sich jetzt, was eigentlich die genannten Beispiele mit der Macht, der Stärke und der Autorität einer Mutter zu tun haben. Ganz einfach: Meiner Meinung nach stellt die Mutter den Dreh- und Angelpunkt im Inneren der Familie dar. Sie führt und leitet den Haushalt, kümmert sich immer noch vorwiegend um die Kinder (alle fleißigen und engagierten Männer seien an dieser Stelle gelobt – Danke!) und organisiert den Ablauf einer Familie. Ihr Einfluss ist nicht zu unterschätzen. Ob es das geschickte Lenken der Freizeitaktivität ist, ob die Urlaube geplant werden, ob sie die Kinder zur Schule motiviert oder ihren Mann unterstützt. Häufig sind es auch die Frauen, die nach einer Trennung den Kontakt zwischen dem Vater – den sie dann nur noch verächtlich »Erzeuger« nennen und damit das Gesetz der Zugehörigkeit verletzen – und dem Kind bestimmen, manchmal gar unterbinden. Sie negieren die Wurzeln des Kindes, vermeintlich zum Besten des kleinen Wesens, und rücken sich ihr System nach eigenem Geschmack zurecht.

Mit den Beispielen der Zugehörigkeit und den verschiedenen Blickwinkeln auf die Essenz – Vater, Mutter und Kind bilden ein Leben lang ein System –, möchte ich das Verständnis schärfen für einen Status, der damit überall gleich ist.

Auch an der Rangfolge ist nichts zu rütteln. Die Eltern sind die Großen, die Kinder die Kleinen. Älteres hat Recht vor dem Jungen. Ein paar kleine Sätze, deren Beachtung für ein »ordentliches« System sorgt.

Wie systemische **Ordnungen**
im **Berufsleben** wirken

Nun haben wir uns doch recht ausführlich unseren Müttern, der Familie und auch dem Zusammenleben in der Familie gewidmet. Ich möchte gern das Wissen um die Ordnung in Systemen und das Wissen um Verstrickungen durch die Prägung nutzen, um Ihnen Reflexionen anzubieten, die auch Ihre berufliche Situation und die dortigen Themen betrachten.

Wie gut funktioniert es im Job? Wo ecke ich an? Was bringt Probleme? Bin ich zufrieden?

Es gibt Parameter, die zu beachten hilfreich ist, um für einen harmonischen und erfolgreichen Ablauf im Beruf zu sorgen. Zu erkennen, wie unsere Prägung und die familiäre Verstrickung auch im Beruf wirken, ist nicht nur interessant, sondern sorgt bei einem bewussten Umgang damit auch für Möglichkeiten der Klärung und für ein leichteres Arbeiten.

Ich möchte Ihnen auch für den beruflichen Bereich über entsprechende Fallbeispiele Vergleichsangebote zu Ihrem persönlichen Erleben geben und Ihr Verständnis für die systemische Ordnung sowie die daraus möglicherweise entstehenden Verstrickungen schärfen.

Regelwerk für ein ausgeglichenes System im Beruf

Viele von uns gehören Firmen, Sportvereinen oder sonstigen Gruppen an. Wir treffen hier auf unterschiedlichste Menschen mit ihren eigenen Geschichten. Und dennoch sind wir verbunden durch die Institution, ähnlich einer Familie. Auch hier gibt es aus der systemischen Arbeit Regeln und Zugehörigkeiten, die ein Miteinander harmonischer machen. Vorab also ein Regelwerk der Zugehörigkeiten in Firmen und Gruppen, wie etwa dem Sportverein und ähnlichen Gemeinschaften.

- Alle Mitglieder bilden das System.
- Alle haben ein Recht auf Zugehörigkeit.
- Keinem darf dieses Recht streitig gemacht werden (was beispielsweise beim Mobbing passiert).
- In Familien werden wir hineingeboren, unsere Arbeitsstelle, den Verein wählen wir frei. Dennoch haben wir ein lebenslanges Recht auf Zugehörigkeit.
- Herausgedrängte, ungerechtfertigt entlassene Mitglieder und Ausgeklammerte hinterlassen eine Leerstelle, die sich auf die übrigen Mitglieder lähmend auswirkt.
- Die Rangfolge in einem Unternehmen ist funktionell. Das bedeutet, die Position ist nach der Funktion definiert (Chef oder Pförtner).
- Die Bedingungen von Geben und Nehmen müssen in Balance sein (Entlohnung der Überstunden, Arbeitsessen, Firmenwagen etc.).

- Das Recht des länger in der Firma angestellten Mitarbeiters vor dem jüngst eingestellten Mitarbeiter muss gewahrt sein. Das bedeutet, dass beispielsweise ein neu eingestellter Facharbeiter durchaus eine höhere Funktion bekommen kann als ein Facharbeiter, der schon länger dem Unternehmen angehört. Aber die Firma muss dafür Sorge tragen, dem »Älteren« einen Ausgleich anzubieten. Das kann in finanzieller Form oder auf anderem Wege geschehen, aber in jedem Fall sollte durch ein Gespräch eine Anerkennung deutlich werden.

Fallbeispiele aus der Praxis

Nun ein paar Fallbeispiele, die wieder zur Reflexion dienlich sind und Lösungsansätze dokumentieren.

Schieflage: Wenn »Alte« übergangen werden

Eine Klientin kommt mit folgender Geschichte: Margret (36 Jahre alt) arbeitet bereits viele Jahre in einem mittelständischen Unternehmen als Marketingfachfrau. Gemeinsam mit ihren zehn Kollegen und Kolleginnen bildet sie das Team. Margret ist eine der Fachkräfte, die am längsten in der Firma arbeiten. Ihr Chef ist immer sehr zufrieden mit ihrer Leistung, und auch Magret fühlt sich wohl im Team und unter der Leitung ihres Chefs. Sie weiß um ihre Kompetenz, ihre Arbeit erledigt sie zur Zufriedenheit aller.

Plötzlich kommt es zu einer Neuerung in der Firma: Ihr Chef beschließt, sich aus dem operativen Geschäft zurückzuziehen, und sucht einen Stellvertreter für seine Führungsposition. Es kommt zu einem internen Test, und auch hier erklärt der Chef wieder seine Zufriedenheit Margret gegenüber. Sie fühlt sich insgeheim als Favoritin und freut sich bereits auf die neue Führungsrolle im Unternehmen.

Dann der Schock: Am Tag der Ernennung des neuen Chefs wird Margrets Kollege Klaus auf die neue Position gehoben. Margret ist zutiefst enttäuscht. Sie fühlt sich ungerecht behandelt, ist wütend auf den Kollegen, der jünger ist und erst kürzer im Unternehmen, und eine Mischung aus Wut und Verzweiflung schwingt nun im Umgang mit ihrem Chef mit. Die anderen Kollegen können die Aufregung gar nicht verstehen. Margret steht kurz davor zu kündigen und sucht nun Unterstützung bei ihrer Entscheidung für oder gegen ihren derzeitigen Job.

Verstrickung und Lösungen erkennen

Betrachten wir dieses Beispiel aus Margrets Sicht, können wir folgende Verstrickungen erkennen: Der Chef, der in diesem Fall eine Vaterfigur symbolisiert, entscheidet sich für Margrets Gefühl gegen sie. Der jüngere Kollege bekommt die angestrebte Position im Unternehmen. Interessanterweise hat Margret einen jüngeren Bruder, der sehr eng mit ihrem Vater verbunden ist. Der jüngere Kollege hat also durchaus auch seine Symbolik für Margret im System.

Unter Beachtung der Rangfolge ist es für den Chef der Firma wichtig, Margret einen entsprechenden Ausgleich anzubieten. Margret selbst kennt es, sich zurückgesetzt zu fühlen, und bekommt die Verstrickung in der Firma erneut in ihr System. Zu Hause hat sie früher mit dem Bruder um die Aufmerksamkeit des Vaters gebuhlt und sich oft nicht gesehen und gehört gefühlt. Ihre

Qualitäten auch als Frau vom Vater/Chef bis in die letzte Ebene geschätzt zu wissen, bleibt nun auch in dieser beruflichen Situation aus. Das Gefühl, eine gewisse Verachtung Frauen gegenüber wahrzunehmen, steigt in Margret immer wieder auf. Die Kollegengruppe symbolisiert für Margret die Mutter im System: Die Kollegen erkennen Margrets Problematik nicht. Wahrscheinlich ähnlich wie einst die Mutter, die den Geschlechterkampf ihrer Kinder nicht begreifen und den Wunsch der Tochter, vom Vater besonders behandelt zu werden, nicht sehen konnte.

Es ist wichtig für Margret, die Verstrickung zu erkennen, um nicht im nächsten Job ähnliche Muster zu entwickeln, und wieder an einen Punkt der Enttäuschung zu geraten. Mit dem Wissen um ihr eigenes Thema kann dann ein Vorgang, bei dem Margret nicht zum »Chef« ernannt wird, als »in Ordnung« für das System empfunden werden. Andere Kollegen haben beispielsweise auch kein Problem mit der Neusortierung der Fachkräfte und dem Verweilen an einer bekannten Position. Sie fühlen sich damit nicht zurückgesetzt.

Abgesehen davon, dass aus der Sichtweise des Firmeninhabers das Einhalten der Rangfolge durchaus angebracht ist, um das Firmensystem in Harmonie zu lassen. Es wäre aber durchaus möglich, Margret einen Ausgleich anzubieten, der nicht die Chefposition beinhaltet. Vielmehr geht es darum, als Chef seinen Angestellten zu zeigen, dass man sich der Rangordnung und der Qualitäten eines Arbeitnehmers bewusst ist.

Drohende Lücke: Wenn ein Mitarbeiter hinausgedrängt wird

Belinda ist junge Mutter und arbeitet in einem Pflegeteam von sechs Frauen in einer Praxis. Sie versteht sich gut mit den Kollegen und hat eine aufgeschlossene Chefin. Die Frauen des kleinen Teams sind grundsätzlich hilfsbereit untereinander. Alle Damen sind ungefähr gleich lange im Team, da es sich um eine junge Praxis handelt. Die Chefin ist einige Jahre älter als ihre Angestellten. Sie hat ihre Praxis, nach vielen Jahren als Mutter und Teilzeitkraft, als persönlichen Traum entstehen lassen. Sie sorgt sich um ihre Mitarbeiter wie um ihre Patienten. Das Personal ist gleichberechtigt, keine der Frauen aus dem Team hat eine leitende Funktion.

Belinda ist alleinerziehende Mutter und bringt ihre Tochter Lena jeden Morgen in die Krippe. Ihr Mann hat sie kurz nach der Entbindung verlassen, und Belindas Eltern leben auf Mallorca. Sie sind mit dem Eintritt ins Rentenalter bewusst in die Sonne gezogen und genießen ihren Lebensabend. Belinda ist traurig darüber, aber meistert ihr Leben, so gut sie kann, allein.

Eines Montags dann das Problem: Die Krippe hat geschlossen. Bedingt durch Krankheit kommt es zu diesem Sonderfall. Belinda entschließt sich, ihre Tochter mit zur Arbeit zu nehmen. Zwei ihrer Kolleginnen sind auf einer Fortbildung, Belinda weiß, wie wichtig ihr Erscheinen ist.

Ihre Chefin reagiert gelassen und erlaubt die Anwesenheit des Kleinkindes im Aufenthaltsraum. Die Kolleginnen sind weniger entspannt mit der Situation. Erst scheint es noch in Ordnung zu sein, doch dann kommt es bei einer der Kolleginnen, Nana, zum Ausbruch. Sie fühlt sich gestört durch die kleine Lena und empfindet das Okay der Chefin als Sonderbehandlung. Die Gruppe teilt sich.

Am nächsten Tag ist der Ablauf wieder normal: Lena ist wieder in der Krippe, und Belinda ist mit voller Aufmerksamkeit zurück am Arbeitsplatz. Doch im Team ist nichts mehr, wie es war. Alle sind irgendwie merkwürdig zu Belinda, und so beginnt auch Belinda, sich merkwürdig zu verhalten, was zur Folge hat, dass es zum Eklat mit ihrer Chefin kommt. Belinda fühlt sich falsch an ihrem Platz und zieht sich weiter zurück. Die geliebte Arbeit wird zum Alptraum.

Verstrickung und Lösung erkennen

Betrachten wir dieses Fallbeispiel, sehen wir einen klaren Bruch des Teams, der für Belinda die Auseinandersetzung mit der Chefin zur Folge hat. Belinda fühlt sich nicht mehr angenommen und wendet sich innerlich sogar ab von ihrer einst geliebten Arbeit und ihrer Chefin.

Die Verstrickung, dass Belinda plötzlich die Mutter in ihrer Chefin sieht und die Auseinandersetzung als Abwenden empfindet, wird deutlich. Allerdings löst das Hinausdrängen Belindas durch Nana aus dem Firmensystem eine Unruhe im Team aus, die durch die Chefin wieder hätte in Einklang gebracht werden können.

Kein Mitglied des Systems darf hinausgedrängt werden.

Wahrscheinlich liegt bei Nana, die selbst keine Kinder hat, eine eigene Kinder-Thematik vor, denn sonst hätte sie auf Belindas Tochter nicht so überreagiert. Belinda wiederum, die als alleinerziehende Mutter das Verlassenwerden und Auflösen eines Systems kennt, folgt hier einem alten Muster.

Nun könnte man erforschen, ob Belindas Eltern nur ihren Lebensabend auf Mallorca genießen oder schon immer »entfernt« von Belinda waren. Wichtig für Belinda ist es, ihr Muster, ihre Verstrickung mit der Mutter zu erkennen, zu spüren, wann sie eine »Ausgrenzung« herstellt und wie sie selbst eine Distanz zu ihren Mitmenschen herstellt.

Wichtig ist es aber auch für ein harmonisches Firmensystem, die Gleichwertigkeit im Team wiederherzustellen. Niemand ist besser oder schlechter, und niemand darf einfach so hinausgedrängt werden. Damit entsteht sonst eine Lücke im Firmensystem, die sich sehr lähmend auswirken kann.

Langes Leiden: Mobbing

Petra ist 44 Jahre alt und arbeitet seit mehr als acht Jahren in der Reinigungsfirma ihres Chefs. Zum Team gehören zehn Kollegen und Kolleginnen. Leider wird Petra seit vielen Jahren immer wieder gemobbt. Langsam hält Petra den Druck bei der Arbeit nicht mehr aus. Sie wird öfter krank als früher, ist traurig oder sehr wütend. Es gab einmal eine Zeit, da haben sich alle toll verstanden. Das Team hielt zusammen. Heute sprechen die Kollegen kaum noch ein Wort mit Petra. Hinter ihrem Rücken reden sie schlecht über sie, sie beziehen sie nicht mehr in Arbeitspläne ein, von den Urlaubsplänen ganz zu schweigen. Petra fühlt sich rausgedrängt und unverstanden.

Als Tochter eines Dachdeckers und seiner Frau, die das Hausmanagement und die Kindererziehung übernommen hat, konnte Petra lernen, sich an Regeln zu halten und gewissenhaft ihren Tätigkeiten nachzugehen. Das haben früher auch alle im Team an Petra geschätzt: Sie ist korrekt und ausdauernd in ihrem Job. Doch langsam kann sie die schneidende Energie der Kollegen nicht mehr aushalten. Petra sucht den Chef auf und beschwert sich über das fehlerhafte Verhalten der Kollegen. Sie möchte seine Unterstützung, allein schafft sie es nicht mehr, mit den Kollegen in einen normalen Dialog und einen gemeinsamen Ablauf zu kommen.

Der Chef versteht ihre Aufregung nicht ganz, schließlich geht sie nun schon jahrelang damit um. Er verspricht aber, ein paar Worte an die Kollegen zu richten, sobald sich die Situation ergibt. Petra ist enttäuscht und fühlt sich unverstanden, nicht unterstützt, und den Kollegen weiter ausgeliefert. Petra leidet weiter.

Verstrickung und Lösungen erkennen

Betrachten wir das Fallbeispiel, erkennen wir Petras »langen Leidensweg«. Sich über Jahre dem Mobbing auszusetzten, trägt schon eine eigene Information. Die Gruppe, die permanenten Druck auf Petra ausübt, wird über lange Zeit von ihr ertragen. Der Wunsch nach Unterstützung durch den Chef wird wenig oder gar nicht erfüllt. Sicher eine Verstrickung zu einem alten, bekannten Muster aus dem Elternhaus. Petra hat eine Mutter erlebt, die den Haushalt leitet und mit Regelwerk und Druck auf Petra einwirkt. Der Vater wurde von Petra als vorwiegend für seinen Beruf lebend wahrgenommen und hatte wahrscheinlich wenig Gehör für seine Tochter und ihre Probleme.

Die Gruppe der Kollegen symbolisiert für Petra damit die strenge und als ungerecht empfundene Mutter, der Chef verkörpert die Vaterenergie, die als nicht stärkend und wenig unterstützend in Petras System abgespeichert ist. Dennoch hat Petra gelernt auszuhalten, und so dauert es Jahre, bis sie sich dem unguten Gefühl des Mobbings überhaupt stellt. Dass sie nach der wenig erfreulichen Aussage ihres Chefs dennoch weiter in der Firma bleibt, ist die logische Folge des bekannten Musters.

Aus Sicht der Firma wäre es durchaus angebracht, einen Ausgleich für den betroffenen Mitarbeiter zu schaffen, was bedeutet: ihn wieder zu integrieren. Das wird allerdings unter Beachtung der Dauer des schlechten Zustands des Teams schwer bis gar nicht mehr möglich sein. Ein hinausgedrängter Mitarbeiter hinterlässt in der Firma eine Leerstelle, die Blockaden in das Firmensystem hineinbringt.

Was würde aber nach so langer Duldung des »schiefen« Systems passieren, wenn der Chef plötzlich massiv für seine Mitarbeiterin Petra eintritt? Es ist fatal, dass dieser Zustand so lange geduldet wurde – denn ein Hinausdrängen ist von Seiten der Firma immer schnell zu unterbinden.

In diesem Fall ist Petra unbedingt die Erkenntnis ihrer Verstrickung zu wünschen – und wahrscheinlich ist ein gesunder Neuanfang in einer anderen Firma ratsam.

Spiel mit dem Feuer: Arbeit und Liebe

Lina ist 24 Jahre alt. Eine hochgewachsene, fröhliche junge Frau, die ihre Ausbildung zur Versicherungskauffrau erfolgreich abgeschlossen und seit kurzer Zeit in einer neuen Agentur ihren Platz im Team gefunden hat. Es ist ein Maklerbüro, das in ganz Deutschland Dependancen besitzt. Lina ist in der Zentrale tätig und arbeitet als Neue in einem kleinen Team von fünf Leuten, direkt unter der Führung des Chefs, Björn F. Er ist 44 Jahre alt und hat das Maklerimperium vor zwei Jahren von seinem Vater übernommen.

Seine Mitarbeiter sind vorwiegend junge, attraktive Damen und sportliche Männer. Ein junges, frisches Team, das von hoch oben noch höher steigen will.

Lina ist begeistert. Von ihrem neuen Job, von den jungen agilen Kollegen, aber vor allem von ihrem Chef. Er ist groß, sportlich und mit einer Erscheinung ausgestattet, die Mister Germany in den Schatten stellt. Lina ist hin und weg. Jede Überstunde nimmt sie gern in Kauf. Jede intensive Instruktion durch ihren Chef genießt sie geradezu. Jeder noch so kleine Wunsch des Chefs wird von seinen Lippen abgelesen: Kaffee, Vordrucke, Akten, kleine Snacks … und was er sonst noch so benötigt, ist immer im Nu zur Stelle.

Lina braucht morgens neuerdings eine Stunde länger im Bad als früher: Outfit, Make-up und Frisur werden zu einer perfekten Komposition arrangiert.

Mit weichen Knien steht sie oft neben ihrem Chef, der Duft seines Aftershaves betört sie. Es ist klar: Lina ist in ihren Chef verliebt. Ein schönes und befremdendes Gefühl zugleich. Lina hatte sich schon einmal in einen Vorgesetzten verliebt und dann kurz eine Affäre mit dem viel älteren Mann gehabt. Nach dem Ende der Beziehung hat sie nicht nur den Mann verloren, sondern auch ihren Job. Lina ist zerrissen.

Mit ihrer Mutter kann sie über dieses Thema nicht sprechen, diese reagiert allergisch auf solche Verbindungen. Schließlich hatte ihr Mann als selbstständiger Unternehmensberater auch oft Angebote von jungen Damen aus irgendwelchen Firmen, die er beriet. Für Linas Mutter war klar: Die wollten sich nur ihre Position sichern und eine gute Referenz bekommen. Dafür war ihnen kein Preis zu hoch.

Lina sieht das anders. Sie will doch nur von Björn F. gesehen werden und ein bisschen liebevolle Anerkennung.

Verstrickung und Lösungen erkennen

Betrachten wir das Beispiel, geht ganz klar der Wunsch Linas hervor, gesehen zu werden. Björn F. symbolisiert für die junge Frau den Vater. Ein »Papa, bitte sieh mich!« springt dabei ins Auge. Die Wiederholung der angestrebten Verbindung zu einem vermeintlich höhergestellten Mann, der Vorgesetzter, Chef ist, ein Vater, zu dem Lina aufschauen kann. Er symbolisiert Stärke, Sicherheit und Schutz. Mit den Kollegen wird sie sich darüber natürlich genauso wenig austauschen wie mit ihrer Mutter. Beides symbolisiert eine Energie im System für Lina. Muss eine junge, attraktive Frau einem eigentlich gleichwertigen, potenziellen Partner jeden Wunsch von den Lippen ablesen? Seine Aufmerksamkeit ständig locken? Lina strengt sich zu sehr an. Malt sich an, »verkleidet« sich, legt übertriebenen Wert auf ihr Äußeres, um erkannt und gesehen zu werden. Aber ihr Auftreten in der Firma bekommt etwas Unnatürliches.

Lina hat sich wahrscheinlich vom Vater nicht gesehen gefühlt. Da ihre Mutter Mädchen nicht mochte, die ihren Mann »gelockt« haben, kann es auch zu einer unbewussten Kontaktunterbrechung zum Vater, zu Gunsten der Mutter, gekommen sein. Den Wunsch nach Aufmerksamkeit durch den Vater trägt Lina aber immer noch tief in sich. Nun kann sie ihn über die Verstrickung mit dem Chef leben, an der Mutter vorbei. Sie sollte sich aber durch das Bewusstwerden ihres Status aus der Verstrickung lösen können. Gut wäre es, sich bei der Partnerwahl außerhalb der Hierarchien einer Firma zu bewegen.

Angst, verlassen zu werden: Das Problem mit Distanz und Nähe

Holger H. ist Abteilungsleiter in einem großen Steuerbüro. Um alle Tätigkeiten zeitgerecht und ordnungsgemäß zu erledigen, hat er eine persönliche Assistentin. Holger H. ist kommunikativ, offen, freundlich und korrekt im Umgang mit seinen Mitarbeitern. Leider ist die Stelle an seiner Seite bereits das fünfte Mal in diesem Jahr ausgeschrieben. Kaum eine Dame bleibt über die Probezeit hinaus. Fragt Holger nach den Gründen, sind alle zurückhaltend, höflich und betonen, dass es sich bei der Kündigung um private Gründe handelt.

Holger ist über jede Kündigung enttäuscht und bemüht sich, in der Phase der Einarbeitung einer neuen Kraft sehr, ein harmonisches Miteinander zu schaffen.

Holger H. ist 48 Jahre alt, frisch geschieden und Vater eines Sohnes. Er selbst ist bei seinem Vater und seiner Stiefmutter aufgewachsen, die wiederum auf eigenen Wunsch »Mutter« von Holger genannt wurde. Seine Mutter ist an Krebs gestorben, als Holger noch sehr klein war. Ihm hat es an nichts in seinem Leben gemangelt. Der selbstständige Vater hat die Familie bestens versorgt. Holger ist kultiviert und wohlerzogen aufgewachsen.

Nun zweifelt Holger an sich selbst: Warum findet sich keine Assistentin? Einen Mann als Mitarbeiter möchte Holger allerdings für diese Position nicht berufen. Ihm ist es schon wichtig, eine weibliche Kraft um sich zu haben. Das hat nichts Sexuelles für Holger, vielmehr geht es ihm um die weichere Ausstrahlung.

Verstrickung und Lösungen erkennen

Betrachten wir das letzte Beispiel, ist das Verlassenwerden sicher ein Thema in Holgers System.

Nach einer Scheidung, die Trennung und Ablehnung bedeutet, selbiges durch einen »beruflichen Partner« auch spüren zu müssen, ist schmerzhaft. Die Wurzel des »Übels« ist sicher im frühen Verlust der leiblichen Mutter zu sehen. Holger, der seine Mutter als Kleinkind verliert, wächst bei seiner Stiefmutter auf, die sich auf die Ebene seiner Mutter stellt. Damit negiert sie das System, in das Holger hineingeboren wurde, sie negiert so seine Wurzel. Vermutlich hatte er auch nie den Raum, seine Trauer und den Schmerz herauszubringen und die Verbindung zu seiner leiblichen Mutter (Energieform) akzeptiert oder gar gefördert zu wissen. Der Wunsch nach der Mutter und der Verschmelzung bleibt unsagbar groß, tief in ihm verankert. Der Wunsch nach dem Nährenden, dem Weichen, dem Weiblichen ist stetig in Holger präsent. Der Wunsch nach der Verbindung zu seiner Mama. Das kann eine »Stiefmutter«, bei noch so viel Liebe und Fürsorge, nicht ersetzen. Die Information, dass seine Stiefmutter einen Anspruch auf die Ansprache als Mutter hegt, zeigt eher eine gewisse Inkompetenz in Hinsicht auf ihren Umgang mit einem »Ziehsohn«. Holger transportiert die alten Gefühle, Sehnsüchte und Muster weiter durch sein Leben.

Wahrscheinlich hat Holger mit seinem Wunsch nach viel Nähe seine Assistentinnen verschreckt. Möglicherweise tritt er einfach zu dicht an sie heran, was dann in ihnen ein Gefühl der Bedrängnis ausgelöst hat. Oder der pure Impuls, den Chef nicht ausreichend versorgen zu können, sorgt wiederum für Überforderung und Rückzug im System der Angestellten. Das unbewusste Erleben einer falschen Rolle schwingt dabei mit. Holger erlebt zum einen den Wunsch nach dem Weiblichen, letztlich nach der Mutter, und zum anderen kennt er das Gefühl der Trennung, des Verlassenwerdens, das sich nun in seinem System wiederholt. Erst sollte ihm sein Status bewusst werden: Es wäre sinnvoll, wenn er sich in dieser Zeit sehr bewusst gegenüber seinen Angestellten etwas zurücknimmt. Das bloße Erkennen und Verstehen seiner eigenen Thematik hilft meist schon.

Mein Familiensystem – meine Verstrickungen – mein Leben

Wenn wir für die Analyse unserer eigenen Verstrickung im Beruf das Wissen um unsere Plätze im Ursprungssystem und die Schwierigkeiten, die uns dabei begleiten, nutzen, dann können wir über diese Erkenntnis zur Lösung gelangen.

Wichtig finde ich persönlich den Ansatz der systemischen Betrachtungsweise sowie die Psychodynamik als Hilfsmittel, als Handwerkszeug heranzuziehen. Es gibt sicher unzählige Blickwinkel und Ideen mehr. Ich persönlich stimme den Gedanken dieser Theorien zu und bin offen dafür, meine Themen unter den genannten Gesichtspunkten anzugehen. Dass sich letztlich vieles in unserem Leben um unsere Erfahrungen aus der Kindheit und damit verbunden um Vater und Mutter dreht, ist Schnittmenge nicht nur vieler unterschiedlichster Therapieformen, sondern oft Gesprächsthema unter Freunden und Bekannten.

Ob es um die lustigen Geschichten von früher geht, um die Schwierigkeiten als Teenager oder eben um die tiefen Verletzungen, die einen das Heute schwer erleben lassen: Alles hat einen Anfang, aus dem jeder Einzelne von uns entsprungen ist und sich auf seinen Weg gemacht hat.

Meditation und Experimentelles
für zu Hause

Eines können wir uns immer wieder vor Augen führen: Es geht um **unsere** Freiheit, um **unser** Leben und **unsere** Leichtigkeit des Seins. Für die letzten Schritte der Erkenntnis stelle ich Ihnen in diesem Buch ein Handwerkszeug vor, das ich sehr hilfreich finde: die Meditation, eine besondere Form der Bewusstseinsschulung.

Früher dachte ich immer: »Wow, der oder die meditiert. Das muss ein ganz außergewöhnlicher Mensch sein.« Meditation, das klang sehr bedeutend für mich. Und was man nicht alles für Geschichten hört, was den Menschen in der Meditation wiederfährt. Von den alten Yogis und der Erleuchtung und, und, und … Oder diese Menschen, die plötzlich bei allem erklären: »Warte kurz!«, ihre Augen verdrehen, als begäben sie sich schlagartig in einen Trancezustand, und dann sagen: »Ich fühl mal rein!« Ich möchte nicht bezweifeln, dass es dieses »Reinfühlen« gibt, ich habe nur für mich immer eine eher bodenständige Herangehensweise gesucht. Ich wusste nicht, wie Meditation funktioniert, was ich zu tun hatte und ob man das Meditieren lernen kann wie Radfahren zum Beispiel.

Meditation ist im Grunde völlig unspektakulär und trotzdem sensationell, weil man das Zusammenspiel von Einfachheit und Klarheit einerseits und andererseits den unendlichen Dimensionen, der Komplexität erahnen kann. Zu mehr als erahnen bin ich in meiner Praxis auch noch nicht gekommen. Am Ende geht es auch hier um Disziplin und Ausdauer, um einer regelmäßigen Praxis nachzukommen. Denn Ausreden, warum gerade heute die Meditation nicht stattfinden konnte, gibt es viele.

Aus dem Dornröschenschlaf erwachen: Meditation

Mit Hilfe der Charaktertypologie und der systemischen Ordnung habe ich Istzustände, Zusammenhänge und Kräfte erkannt. Dennoch frage ich mich immer wieder: Wer bin ich? Wie viele Frauen stecken in mir?

Lebe ich doch viele Facetten meines Seins, bin Mutter, Frau, Geliebte, Geschäftsfrau, Tochter, Freundin, Schwester und mehr. Mit Hilfe der Meditation ist es möglich, sich ganz und gar auf sich selbst einzulassen. Physisch und psychisch für eine Weile zur Ruhe zu kommen und nicht beeinflusst über Druck von außen, nicht in Gefahr, in alte Muster zu geraten. Es ist hilfreich, Bilder, Emotionen und Gedanken wahrzunehmen und wertfrei weiterziehen zu lassen. Vielleicht sogar eine Art Blick von außen auf sich selbst zu bekommen. Sich (und seinen Geist) dabei zu erkennen ist eine große Chance.

Vielleicht festzustellen, dass man ähnlich erscheint wie die erwähnten Frauen und ihre Skizzierungen aus den vorangegangen Kapiteln, ohne sich dafür einen Vorwurf zu machen. Ohne in gut und schlecht einzuteilen und zu werten. Das ist eines der Geschenke der Meditation: in Wahrheit mit sich selbst zu sein. Oder eben einfach nur *zu sein.*

Allerdings will Mediation geübt sein, und der Rahmen für die »Zeit mit sich selbst« sollte gerade am Anfang stimmen.

Einstieg in die Meditation – einen Platz finden

Manchmal ist man so sehr überladen von den äußeren Einflüssen und Wünschen der Mitmenschen, dass man das Eigene dabei verliert, womöglich unter Druck gerät und daraus wieder einmal eine unangenehme Episode seines Seins kreiert. Zu viel Drama strengt an. Durch die Meditation, bei der wir in die Stille gehen, in uns gehen, haben wir schon einmal die Chance, die ganzen Erwartungen anderer »vor der Tür« zu lassen. Wir betreten unseren Raum und verweilen mit uns.

Wählen Sie dafür gezielt einen Raum oder einen Platz, den Sie möglicherweise auch als Ihren Rückzugsort deklarieren, in den nur Sie Zutritt haben – oder bei dem Sie zumindest darüber bestimmen, wann wer Einlass gewährt bekommt. Richten Sie sich diesen Bereich als Ihre persönliche Wohlfühloase ein. Gemütlich darf es sein, Ihren Vorstellungen entsprechend eingerichtet und dekoriert. Wenn Ihre Wohnsituation es nicht zulässt, dass Sie sich ein eigenes Zimmer gestalten können, dann gibt es sicher die Chance, zu bestimmten Zeiten einen Wohnbereich für Ihre Belange zu reservieren, den Sie sich dann mit einer Decke, einem Kissen, einer Kerze, Blumen etc. zu Ihrem Platz machen. Oder Sie suchen sich im Sommer ein schönes Plätzchen in der Natur.

Das Wichtigste aber: Es geht hier nur um Sie. Dann sind Sie auch schon auf dem richtigen Pfad. Selbst wenn Sie die im Anschluss folgenden Meditationsübungen nicht als hilfreich für sich erachten, kann ich Ihnen einen regelmäßigen Rückzug in Ihr »Reich« nur wärmstens empfehlen. Lassen Sie dort Ihren Gedanken freien Lauf, seien Sie emotional, wüten Sie, weinen Sie und beobachten Sie sich. Irgendwann wird es dann stiller in Ihrem Geist, und vielleicht beginnen Sie dann doch mit ein wenig Bewusstseinsschulung. Das Ganze dient natürlich Ihrer Selbsterkenntnis, und Sie werden staunen, was dabei so alles zu Tage kommen wird. Wer bin ich? Was will ich wirklich? Das sind doch immer wiederkehrende Fragen eines jeden Menschen.

Ich selbst bin praktizierende Buddhistin und habe schon das eine oder andere wundervolle Erlebnis in der Meditation verspüren dürfen. Dennoch bin ich weit von dem entfernt, was andere Praktizierende bereits erfahren haben.

Es gibt diverse Praktiken der Meditation mit ganz unterschiedlichen Ausrichtungen. Ich selbst habe durch meinen Lama (so nennt man einen geistigen Würdenträger im Buddhismus) und mit Freunden auf dem Weg großartige Eindrücke hierzu bekommen. Wenn Sie also bei Ihren Meditationen erst einmal scheinbar »NICHTS« wahrnehmen, ist das genauso möglich wie ungeahnte Eindrücke. Vielleicht bekommen Sie ja sogar Lust auf mehr: auf ausgewählte Meditationen in Gruppen oder zumindest unter Anleitung von erfahrenen Praktizierenden. Im Anhang finden Sie Buchtipps und Kontaktadressen auch zum Bereich buddhistische Meditation (siehe ab Seite 251).

Meditation ist eine Reise ins Ich

Wir können mit Blick auf unsere Wurzeln nun Muster unserer Mütter erkennen. Wir können uns selbst, unserem Leben, einen Titel geben und erkennen die Kraft, die Macht dahinter. Macht, das sei hier noch einmal erwähnt, ist ja nicht zwangsläufig negativ. Eine Macht, eine Kraft kann Antrieb bedeuten, kann Schutz bedeuten, kann Stärke bedeuten, die wir im Leben brauchen.

Wohin ich mit Ihnen nun reisen möchte? Ganz einfach: ins Ich. Mit Hilfe der Meditation Ruhe in den Geist bekommen. Zeit mit sich selbst verbringen und sich einzig und allein auf seine eigenen Wünsche besinnen.

In den Dialog mit sich selbst kommen. Seine Facetten sehen: Welcher Anteil ist größer, der Teil Ehefrau oder der Teil Partnerin? Der Teil Tochter oder der Teil Mutter? Die Geschäftsfrau oder die Freundin? Definieren Sie Ihre Teile. Seien Sie kreativ. Was macht diese Teile aus? Was möchten Sie selbst sein, welchen Teil möchten Sie lieber leben? Was wird von Ihnen gefordert? Was haben Sie gar übernommen, obwohl Sie sich damit nicht gut fühlen?

Fragen, die Sie mit Ruhe in Ihrem Geist sicher besser beantworten können. Oder Sie werfen einfach alles über Bord und besinnen sich auf Frieden, Mitgefühl und Liebe.

Nachdem wir uns in den ersten Kapiteln auf die Bedeutung unserer Wurzeln und ihre Autorität fokussiert haben, um darüber auch ein besseres Verständnis für eigene Handlungsweisen und Umstände zu bekommen, geht es jetzt um uns. Ich kann es nicht oft genug erwähnen, weil sicher viele von uns, gerade auch Mütter, dieses Versorger-Gen und Ich-muss-doch-für-alle-da-sein-Syndrom haben, sich keine Pausen gönnen und immer weiterrennen. Aber hier und jetzt und wünschenswerterweise immer wieder im täglichen Leben geht es nur um Sie allein. Es geht um den Geist beziehungsweise unser Gewahrsein und um pure und klare Seinszustände. Die Stille, die sich durch die Meditation in unserem Geist ausbreitet, nimmt Störgefühlen ihre Bühne zu großen Dramen. Unser Zustand des Geistes gleicht dann einer spiegelglatten Oberfläche der sonst so rauen See.

Hier sind wir tatsächlich selbst. Eigene Wünsche, Ideen und Möglichkeiten aus diesem Zustand zu entwickeln ist eine gute Basis, um wirklich authentisch zu sein.

Ich kann Ihnen aus eigener Erfahrung raten, sich regelmäßig den Raum zu nehmen, um zu meditieren und daraus Potenzial für Ihr Selbst zu schöpfen. Kreieren Sie sich Ihr Leben neu: **Erkennen, verstehen, verändern.**

Was geschieht eigentlich, wenn ich meditiere?

Oft werden Meditierende gefragt, warum sie eigentlich meditieren, wie das Meditieren am besten funktioniert, was eigentlich in der Mediation geschieht. Es gibt sicher eine Menge Antworten darauf, ob nun von gesenktem Blutdruck bis zu Tiefenentspannung und höchster Glückseligkeit, doch für alle, die den Nutzen der Meditation noch nicht erkennen können, hier ein paar weitere Beispiele für die Wirkung der Meditation und deren Umsetzung im Alltag:

- Man genießt es, sich zu entspannen.
- Man lernt loszulassen.
- Man hört auf, gegen sich selbst zu kämpfen.
- Man wird sich seines Atems bewusster.

- Farben werden intensiver, Formen deutlicher.
- Man lernt auf sich und seine Bedürfnisse zu hören.
- Man fühlt sich dankbar.
- Man fühlt mit, man denkt mit.
- Man kommt zur Ruhe.
- Man kann Entscheidungen leichter fällen.
- Man genießt die Zeit mit sich selbst.
- Man erfreut sich an neuen Erkenntnissen.
- Man lernt, nichts zu tun.
- Man genießt es zu warten.
- Man lernt, aus der Stille zu agieren.
- Man wird ausbalanciert – im Körper und im Geist so wie im Leben insgesamt.
- Man gewinnt Energie für die wichtigen Dinge.
- Man liebt die Wesen für das, was sie sind.
- Man hört genau hin.
- Man erfährt körperliches Wohlbefinden.
- Man nimmt Herausforderungen gern an.
- Man genießt Leere und Zwischenräume.
- Man wird bewusster im ganzen Sein.

Also, beginnen Sie: Ziehen Sie sich zurück, schaffen Sie sich einen Wohlfühlplatz, und vergessen Sie alles um sich herum. Ich weiß, das ist schwer und gehört gerade deshalb schon zur Übung. Genießen Sie sich.

Im Buddhismus ist die Meditation nicht bloß isoliert als Technik zu sehen. Im Grunde dient sie zu mehr Ruhe im Geist. Wenn Sie zu üben begonnen haben, haben Sie die Möglichkeit, eine befreiende Sichtweise anzunehmen und dem großen Ziel zu folgen, der Einsicht in die Natur des Geistes.

Obwohl uns nichts näher ist als der eigene Geist, sind Erklärungen zu ihm nicht einfach so zu machen. Er ist kaum beschreibbar, hat weder Form noch Farbe. Er ist kein »Ding« und hat keine Größe und keinen Geschmack. Er schaut durch die Augen, hört mit den Ohren, er erlebt, erfährt, versteht – und dabei ist er sich seiner Erfahrungen bewusst, nur nicht seiner selbst. Etwa wie Augen, die in die Welt blicken, aber sich erst beim Blick in den Spiegel selbst sehen können.

Meditation wirkt. Vertrauen Sie. Lassen Sie Ruhe in Ihren Geist einkehren.

Nutzen Sie auch die Ruhe nach der Meditation. Störende Gefühle können Sie einfach loslassen. Wie? Indem Sie sie weiterziehen lassen wie dunkle Wolken. Schenken Sie ihnen keine Aufmerksamkeit, denn damit erreichen Sie nur unnötige Anhaftung.

Leichtigkeit und Überfluss dürfen sich ausbreiten.

Bleiben Sie bei sich, und gehen Sie die für Sie wichtigen Fragen noch einmal durch. Wer sind Sie?

Mit Hilfe einer kleinen Kladde können Sie Ihre Gedanken festhalten. Oder Sie lassen auch sie ziehen wie Wolken am Himmel. Nehmen Sie wahr, ob bei Wiederholungen in den nächsten Tagen und Wochen Ihre Antworten andere sein werden. Fällt es Ihnen schon leichter loszulassen?

Beschäftigen Sie sich bewusst mit allen Ihren Anteilen, auch mit den Schattenteilen in sich selbst.

Meditationsübung:
Meditation der Geistesruhe

So wirkt diese Übung

Bei dieser Art der Meditation geht es darum, Frieden in Ihren Geist zu bekommen. Beherrschen Sie diese Übung, lösen Sie sich damit Stück für Stück von allem, was stört: von lästigen Gefühlsausbrüchen, Verwirrungen, Ängsten …

So wird's gemacht

Sie sitzen mit geradem Rücken. Das unterstützt Ihre Stabilität und fördert Ihre Konzentration. Nehmen Sie den Ihnen vielleicht schon bekannten Lotussitz ein. Im Lotussitz sind die Beine verschränkt. Dabei ruht der rechte Fuß auf dem linken Oberschenkel nahe der Leistenbeuge und der linke Fuß auf dem rechten Oberschenkel. Die Fußsohlen zeigen nach oben. Der Sitzende sitzt meist leicht erhöht auf einem eher harten Kissen, die Knie befinden sich im Kontakt mit dem Boden. Dadurch ergibt sich ein sehr stabiles Dreieck als Sitzbasis. Der Oberkörper ist aufgerichtet, der Rücken gerade, die Schultern leicht zurückgenommen, sodass der Kopf über der Basis ausbalanciert ist. Falls diese Position noch zu unbequem ist, wählen Sie den halben Lotus: Dabei sind beide Beine vor dem Körper am Boden verschränkt, das rechte Bein vor dem Linken liegend. Die rechte Hand fügt sich in die linke Hand, ungefähr eine Handbreit unterhalb Ihres Bauchnabels. Das Kinn ziehen Sie ganz leicht an Ihre Brust. Die Augen können Sie schließen oder einen kleinen Spalt geöffnet lassen.

Sollte Ihnen der Lotussitz Probleme bereiten, setzen Sie sich gerade auf einen Stuhl, Beine und Füße parallel nebeneinander mit sicherer Berührung auf dem Boden abgestellt.

Bei der »Meditation der Geistesruhe« konzentrieren Sie sich auf ein bestimmtes Objekt oder eine Stelle. Oder Sie konzentrieren sich auf Ihren Atem.

Sie können sich dabei einen Buddha vorstellen, sich auf eine Kerze oder ein anderes Symbol konzentrieren, das Sie gern für die Übung verwenden wollen. Konzentrieren Sie sich allein darauf, üben Sie sich darin, alle anderen Gedanken einfach weiterziehen zu lassen und gedanklich immer wieder zu Ihrer Atmung oder dem ausgewählten Objekt zurückzukehren.

Wichtig:

Werden Sie nicht ungeduldig, wenn Ihre Gedanken abschweifen: Kehren Sie gedanklich einfach immer wieder zurück zu Ihrem »Objekt der Konzentration«. Oder Sie richten Ihre Konzentration wieder auf Ihren Atem.

Regenbogenlicht-Meditation

So wirkt diese Übung

Bei dieser Meditation geht es um die Reinigung von destruktiven Gedanken und Handlungen, die auf Körper, Rede und Geist wirken.

So wird's gemacht

Setzen Sie sich möglichst bequem hin. Die Hände ruhen im Schoß, die rechte Hand in der linken, die Daumen berühren sich leicht.

Der Rücken ist gerade, ohne steif zu sein, und das Kinn ist leicht an die Brust gezogen.

Zuerst beruhigen wir den Geist. Wir spüren den formlosen Luftstrom, der an der Nasenspitze kommt und geht, lassen Gedanken und Geräusche einfach vorbeiziehen, ohne an ihnen zu haften.

Wir wollen nun meditieren, um den eigenen Geist zu erfahren und Abstand zu unseren Störungen zu gewinnen. Nur dann können wir anderen wirklich nützen.

In der Mitte unserer Brust auf Herzenshöhe entsteht jetzt ein kleines Regenbogenlicht. Es dehnt sich in unserem Körper immer weiter aus.

Sobald es uns ganz durchstrahlt und auffüllt, lösen sich alle Leiden, Schwierigkeiten und Hindernisse auf. Dann strahlt das Licht aus unserem Körper heraus in alle Richtungen und verbreitet sich im ganzen Raum. Dadurch lösen sich sämtliche Leiden aller Wesen auf, und die Welt strahlt vor grenzenlosem Glück.

Wir befinden uns in einem reinen Land voll unbegrenzter Möglichkeiten. Alles hat befreiende Bedeutung. Das Licht strahlt so lange aus uns heraus, wie wir es wünschen.

Beim Beenden der Meditation bleiben wir in diesem Zustand, so gut es geht.

Schließlich wünschen wir, dass all das Gute, was hier geschah, grenzenlos wird, zu allen Wesen überallhin ausstrahlt, ihnen das Leid nimmt und dafür das einzige Dauerglück gibt: das Erkennen des eigenen Geistes.

Verweilen Sie noch ein wenig, oder beschäftigen Sie sich mit Fragen wie: Wer bin ich? Was will ich wirklich?

Nutzen Sie die Stille und die Zeit, bei sich zu bleiben.

Licht-Atem-Meditation

So wirkt diese Übung

Diese Übung befriedet den Geist, löst Destruktionen und lenkt den Fokus auf das Selbst.

So wird's gemacht

Setzen Sie sich möglichst bequem hin. Die Hände ruhen im Schoß, die rechte Hand in der linken, die Daumen berühren sich leicht. Der Rücken ist gerade, ohne steif zu sein, und das Kinn ist leicht an die Brust gezogen.

Zuerst beruhigen wir den Geist. Wir spüren den formlosen Luftstrom, der an der Nasenspitze kommt und geht, lassen Gedanken und Geräusche einfach vorbeiziehen, ohne an ihnen zu haften.

Wir wollen nun meditieren, um den Geist zu erfahren und Abstand zu eigenen Störungen zu gewinnen. Nur dann können wir anderen wirklich nützen.

Sechzehn Fingerbreit vor unserer Nase, also etwa eine halbe Armlänge von uns entfernt, entsteht jetzt ein klares, durchsichtiges Licht.

Während wir einatmen, strömt es mitten durch den Körper nach unten. Auf dem Weg hinunter wird das klare Licht immer rötlicher. Wenn es eine Handbreit unterhalb des Nabels kurz anhält, ist das durchsichtige Licht völlig rot geworden.

Beim Ausatmen bewegt es sich nach oben und verfärbt sich dabei immer mehr ins Blaue.

Eine halbe Armlänge vor uns wird das blaue, durchsichtige

Licht in einem Augenblick wieder klar, und wir atmen es erneut ein.

Wir halten diese Vorstellung so gut wie möglich, während der Atem natürlich kommt und geht.

Wenn es Ihnen schwerfällt, die Farben zu sehen, denken Sie einfach: klares Licht beim Einatmen, rotes, wenn der Atem unterhalb des Nabels anhält, und blaues während des Ausatmens.

Nach einer Weile können wir uns auch rein auf die Schwingung des Atems einlassen. Beim Einatmen hören wir dann die innere Schwingung der Silbe OM. Beim Anhalten unterhalb des Nabels ein tiefes AH und beim Ausatmen ein HUNG. Die Schwingungen stellen wir uns innerlich vor, solange es angenehm ist.

Am Ende der Meditation lassen wir die Welt wieder frisch und neu entstehen. Zuletzt wünschen wir, dass all das Gute, was hier geschah, grenzenlos wird, zu allen Wesen überallhin ausstrahlt, ihnen jedes Leid nimmt und dafür das einzige Dauerglück gibt: das Erkennen des eigenen Geistes.

OM AH HUNG – KÖRPER ERWACHE JETZT!

Es gibt sicher eine Vielzahl von variierenden Erklärungen zur Bedeutung des Mantras OM – AH – HUNG und doch keine eindeutige. Ich möchte Ihnen meine Idee, mein Verständnis von diesem kraftvollen Mantra gern erläutern.

In der Meditation beginnen wir mit der Silbe OM und der Visualisierung des weißen Lichtes.

OM – der Raum, der *Körper*. Negationen, die verbunden sind mit dem Körper, die durch den Körper entstanden sind, die mit dem Körper zu tun haben, lösen sich in der Meditation auf.

AH – Stimme. *Erwache.* Das rote Licht wird visualisiert und wirkt auf das Kehlchakra. Alle Negationen, entstanden durch schlechte Rede und Verletzungen durch Worte, lösen sich auf. Gehörte und gesprochene.

HUNG – Emotionen. *Jetzt.* Das blaue Licht wird visualisiert und strahlt ins Herz. Alle Negationen, entstanden durch Emotionen, lösen sich auf.

Tauchen Sie also ein:

OM AH HUNG – KÖRPER ERWACHE JETZT!

Von Demut und Liebe

Demut ist, wie ich finde, ein mächtiges Wort. Genau wie Liebe. Diese beiden Begriffe tragen, wenn wir uns sehr bewusst auf sie einlassen, eine hohe Energie.

Gehen wir dabei beim Begriff Demut weg von der Vorstellung der Unterwürfigkeit, falscher Zurücknahme und »Unterdrückung«. Demütig auf dem Weg der Erkenntnis.

Mir fällt es nicht leicht, das Wort Demut zu beschreiben und seine Wirkung zu erläutern. Es löst eher ein Gefühl in mir aus, das mit Freiheit und Frieden zu tun hat. Mit der Auflösung einer »Ich-Welt«. Eine Innenschau, die sanftmütig ist, intensiv und stabil. Das Außen wird dadurch gleichmütiger wahrgenommen. »Recht zu haben«, »immer gewinnen zu wollen« und die ständige Schuldfrage – all das verliert in der Demut an Präsenz.

Die Liebe dann als unser allumfassender großer Mantel. Finden wir sie in vielen Facetten und Erscheinungen: Liebe zu unseren

Nächsten, Liebe zu einem Gott, Liebe zu uns selbst, Liebe für die Welt, in der wir leben, unser Universum.

So ist Demut ohne Liebe nicht möglich. Und Liebe nicht ohne Demut.

Nun habe ich Ihnen in diesem Buch bereits eine Reihe Handwerkszeug und Reflexionsmöglichkeiten auf dem Weg zur eigenen Erkenntnis und damit Ihrem persönlichen Weg zur Freiheit vorgestellt. Das elementarste Prinzip bei allen Formen der Erkenntnis ist und bleibt für mich das DAVI-Prinzip (siehe ab Seite 53). Aus diesem Grund erwähne ich es, obwohl zu Beginn des Buches erläutert, hier zum Abschluss erneut. Alles Hinschauen und auch Erkennen nützt uns wenig, wenn wir nicht in der Lage sind, das Verstandene über die Annahme zu integrieren. Was nützt uns all die Erkenntnis, wenn wir eine »Lösung« aus der Verstrickung oder den Mustern nicht dauerhaft umsetzen können?

Wenn Sie sich einmal auf den Weg zur eigenen Freiheit, zu Ihrer eigenen Macht, zum eigenen Potenzial gemacht haben, werden Sie nicht mehr aufhören können sich zu erforschen. Sie werden immer neue Schichten Ihres Leids ablösen können und mit DAVI dafür sorgen, dass alles heil werden kann. Sie werden spüren, wie Sie freier werden, wenn Sie Ihre Themen ernsthaft bearbeiten, und darum geht es doch letztlich: sich zu »befreien«, sich zu erkennen, um in Frieden zu leben und letztlich auch sterben zu können.

Stellen Sie sich vor, Sie müssten mit vielen schlechten Emotionen, traurigen Gedanken, unausgesprochenen Worten und nicht umgesetzten Taten von dieser Welt gehen. Ist der Gedanke, dann mit sich, seiner Familie und seiner Umwelt im Reinen zu sein, nicht der bessere?

Sekunden-Meditation: Schnelle Hilfe für den Geist

Zu guter Letzt möchte ich mich der Meditation für »Zwischendurch«, oder nennen wir es: der aktiven Bewusstseinsschulung im Alltag, und einigen kleinen Experimenten widmen, die Sie jederzeit für sich allein umsetzen können. Stellen Sie sich vielleicht ein Übungsprogramm aus meinen Vorschlägen zusammen, oder seien Sie abermals kreativ, und erfinden Sie eigene kleine Übungen zu Ihren persönlichen Themen, um weiter an Ihrer Entwicklung zu feilen.

Erfreuen Sie sich an der Arbeit mit sich selbst. Entdecken Sie sich, erfinden Sie sich neu. Ich habe Ihnen Anregungen für verschiedene Sekunden-Meditationen, die Sie im Büro, in der Kaffeepause, mit den Kindern im Garten, eben einfach mal zwischendurch machen können, angefügt. Ihrer Kreativität, sich eigene Meditationen zu entwerfen, sind also wirklich keine Grenzen gesetzt.

Seien Sie erfinderisch!

Sekunden-Meditation – was ist das?

Sekunden-Meditation bedeutet, sich zu fokussieren, Ihre Gedanken für wenige Sekunden auf ein Bild und einen Satz zu lenken, den Sie laut, leise oder nur in Gedanken aussprechen, während Sie sich das Bild vor Ihr geistiges Auge holen.

Da Bilder und Worte eine Kraft haben, die auf Ihren Geist wirkt, ist es sehr sinnvoll, an den Wort-Bild-Kombinationen zu feilen. Stimmen Sie die Sekunden-Meditation auf mögliche Themen in sich selbst ab. Schauen Sie, wo Sie eine Stärkung brauchen: Wo fehlt Ihnen Energie?

Hier ein paar Beispiele, die Sie auch verändern und umformulieren können. Wagen Sie es, inspiriert durch die folgenden Modelle, einfach Ihre eigenen Meditationen zu kreieren.

Ideen für Sekunden-Meditationen

Bild: Blauer Himmel – wolkenlos.
Satz: Heute atme ich bewusst ein und aus.

Bild: Ein kräftiger Baum auf einer grünen Wiese.
Satz: Ich stehe mit beiden Beinen fest am Boden.

Bild: Eine strahlend gelbe Sonnenblume.
Satz: Heute nehme ich Gelb intensiv wahr.

Bild: Meeresgrund.
Satz: Heute blicke ich nach innen.

Bild: Ein Strauß bunter Blumen.
Satz: Heute spüre ich, wie ich aufblühe.

Bild: Nackter Fuß auf einer Wiese.
Satz: Heute nehme ich meine Fußsohlen wahr.

Bild: Ein großes Herz.
Satz: Heute atme ich nur Liebe ein.

Bild: Grüne Wiese.
Satz: Wenn ich gestresst bin, spüre ich den Raum zwischen meinen Zehen.

Bild: Ein Obstkorb voller Früchte.
Satz: Heute rieche ich, was ich esse.

Bild: Radio.
Satz: Heute höre ich, wie Worte ausklingen.

Bild: Regenbogen.
Satz: Ich nehme Veränderungen bewusst wahr.

Den Geist zur Ruhe bringen, Gedankenwolken ziehen lassen

Bei der vorangegangenen Übung ging es um Sekunden, es ging darum, wenige Sekunden lang den Fokus auf ein Bild und einen Satz zu lenken. Nun möchte ich die Übung ein wenig ausdehnen und Ihren Geist darin schulen, möglichst lange und wertfrei einfach nur »zu sein«. Folgendes Beispiel, bevor wir mit den eigentlichen Übungen beginnen.

Stellen Sie sich vor, Sie blicken auf eine Blume. Was könnten Sie über die Blume denken? Was passiert in Ihrem Kopf? In dem Augenblick, in dem Sie beginnen zu philosophieren »Oh, die Blume ist schön«, startet Ihr Kopf wahrscheinlich eine Gedankenkette, die Sie sehr weit von dem eigentlichen »So-sein« der Blume entfernt. Sie denken »schön«, und darauf folgt vielleicht ein Bild Ihres letzten Urlaubs an diesem weißen Strand, dann erinnern Sie sich vielleicht an den gutaussehenden Mann, diesen Schönen, der Ihnen bei einem Spaziergang entgegenkam, oder Sie erinnern sich an eines Ihrer schönsten Erlebnisse in Ihrem Leben überhaupt ... Auf jeden Fall sind Ihre Gedanken davongaloppiert, und die Blume ist aus Ihrem Fokus verschwunden. Sie sind nicht bewusst im Hier und Jetzt, beim bloßen Betrachten der Blume geblieben.

Durch gezielte Bewusstseinsschulung gelingt es, sich ganz auf den Augenblick zu fokussieren. Die folgenden Übungen helfen dabei. Sie können sie überall praktizieren, um achtsamer im Alltag zu werden. Um im Jetzt zu sein, wie es so schön heißt.

Objekt-Meditation: Wortlos Gedanken ziehen lassen

Wenn Sie also auf eine Blume schauen, seien Sie ganz bei ihr. Lassen Sie keinen Gedanken, kein Wort zwischen sich und die Blume. Lassen Sie alle Gedanken, die aufkommen, weiterziehen wie Wolken am Himmel. Verweilen Sie einen Moment nur im Bewusstsein mit der Blume. In dieser Gedankenpause werden Sie vielleicht die intensive Farbe, den Duft und die tatsächliche Schönheit dieser Blume wahrnehmen können.

Für diese Art der Meditation können Sie verschiedene Objekte in Ihren Fokus nehmen. Sie können sich ein Foto ansehen, vor einem Baum stehen oder einfach auf ein Glas Wasser blicken. Haben Sie ein Kraftobjekt, das Bild Ihres Gottes oder einen Buddha? Nutzen Sie die kraftvolle Ausstrahlung eines für Sie besonderen Gegenstands, um Ihre Meditation noch wirkungsvoller zu gestalten. Wichtig ist dabei, Ihren aufkeimenden Gedanken keine Aufmerksamkeit zu schenken, also nicht in eine Gedankenschleife zu starten und davonzueilen. Bleiben Sie bei sich und Ihrem Objekt. Für eine Minute oder für zehn Minuten, Sie allein bestimmen die Dauer. Üben Sie ganz nach Ihrem eigenen Tempo. Oder nutzen Sie kurze Fokussierungen im Alltag, um sich zu zentrieren und Ihren Geist im Stress des Tages zur Ruhe kommen zu lassen. Sammeln Sie sich mit dieser Technik vor einem wichtigen Termin, oder beruhigen Sie sich nach einem Streit.

Bleiben Sie öfter mal bei sich, integrieren Sie die Übung am besten in Ihren Tagesablauf. Sicher werden Sie nach einigen Wochen bereits die ersten Effekte spüren.

Meditation mit dem eigenen Spiegelbild

Schauen Sie Ihr eigenes Gesicht im Spiegel an. Blicken Sie sich offen, tiefgehend und aufmerksam an, aber denken Sie dabei nicht. Lassen Sie Gedanken nur aufkommen und einfach weiterziehen, ohne sie zu bewerten und sich darin zu verlieren. Seien Sie bewusst mit sich.

Freunde-Meditation

Setzen Sie sich Ihrem Freund, Ihrer Freundin gegenüber und schauen Sie einander tief in die Augen. Versuchen Sie, Ihre Aufmerksamkeit nur auf Ihrem Gegenüber ruhen zu lassen. Verweilen Sie im Jetzt und in der vollen Präsenz Ihres Gegenübers.

Stille wachsen lassen und die Kraft der Worte verstehen

In die Stille zu gehen ist eine wunderbare Übung, um daraus die Kraft der Worte verstehen zu lernen. Wie viel unnötiges Zeug wir am Tag von uns geben, wie viele vermeintliche Witze oder verletzende Worte wir über unsere Lippen kommen lassen, stellen wir oft erst fest, wenn wir bewusst schweigen. Die Sprache ist Instrument, Kontakthilfe, Werkzeug. Durch den häufigen Gebrauch und den oft sehr unbewussten Umgang mit Worten werden wir schnell unsensibel in der Anwendung unserer Sprache. Wir fluchen und schimpfen, wir meckern und blödeln – und oft wählen wir Worte, die wie Geschosse auf unsere Umwelt losfliegen. Auch uns sausen solche Wortpfeile entgegen und treiben ihr Unwesen in unserem System.

Über den Weg der Stille kommen wir zu mehr Achtsamkeit. Seine eigenen Worte zu überprüfen und später in der Interaktion mit einem Gegenüber die Intensität der Worte wirklich wahrzunehmen ist das Ziel. Sich ihrer Bedeutung und der entsprechenden Macht im Klaren zu sein führt zu einer neuen bewussteren Ausdrucksweise.

Ein paar kleine Übungen dazu

1. Haben Sie schon einmal bei Tisch in einer Runde mit mehreren Menschen um eine Schweigeminute gebeten? Oder gar eine Mahlzeit in einer großen Gruppe bewusst, ohne zu sprechen, eingenommen? Versuchen Sie es! Meine Kinder zum Beispiel lieben das kleine Schweige-Experiment mittlerweile und wetteifern darum, wer bei Tisch besser schweigen kann.

2. Stehen Sie bewusst schweigend in einer Gruppe Menschen, die sich gerade über eine nicht anwesende Person lustig macht. Schweigen Sie bewusst in dieser Gruppe, die Geschichten über Dritte in die Welt gibt. Hören Sie genau hin, spüren Sie die Kraft der Worte. Und wenn es Ihnen schwerfällt zu schweigen, achten Sie auf Ihre aufsteigenden Worte, welche Energie tragen sie? Dennoch schlucken Sie die Worte wieder hinunter, Ihre Übung ist es, nur zu schweigen.

3. Nehmen Sie sich fünf Minuten am Abend, bevor Sie sich vor den Fernseher setzen, und gehen Sie in die Stille. Achten Sie nur auf Ihren Atem, wie er an der Nasenspitze kommt und geht, und bleiben Sie bequem mit aufrechtem Rücken auf Ihrem Platz sitzen. Gedanken kommen und gehen, und Sie tauchen in absolute Stille ein. Kein Wort wird gesprochen, kein Wort wird gehört. Versuchen Sie, so gut es geht, nur bei Ihrem Atem und der Ruhe zu bleiben. Danach schalten Sie wie gewohnt das TV-Gerät an und hören einfach nur hin. Wenn Sie die Übung öfter wiederholen, wird Ihnen mehr und mehr bewusst, wie viele unnötige Worte in die Welt gesendet werden.

4. Versuchen Sie, an einem Tag mehrere Schweigeminuten einzulegen. Konzentrieren Sie sich dabei nur auf Ihren Atem, und lassen Sie die Welt um sich herum still werden. Wenn Sie dann wieder in den Kontakt nach außen gehen, nutzen Sie bewusst jedes Ihrer Worte, versuchen Sie Wortgeschenke an Ihre Mitmenschen zu verteilen.

All diese kleinen Übungen oder Experimente dienen im Grunde Ihnen selbst. Wenn Sie Ihre Macht, Ihre Kraft, Ihr Potenzial leben wollen, ist es nützlich, sich nicht nur selbst zu kennen und immer wieder zu reflektieren, sondern sich auch immer wieder zu stärken. Tun Sie sich selbst gut. Tasten Sie sich an schwierige Situationen mit einem wachen Geist heran. Seien Sie aufmerksam mit sich selbst. Zwingen Sie sich zu nichts, für niemanden. Finden Sie in sich, was Sie im Außen schon lange gesucht haben. Stellen Sie sich kleine Aufgaben, machen Sie einfache Experimente, um noch tiefer zu tauchen, um sich noch besser kennenzulernen, um noch mehr Schätze an die Oberfläche zu holen und die alten Monster ins Nirwana zu jagen. Leben Sie Ihre persönliche Freiheit.

Experimente – Nachmachen erwünscht

Zum Abschluss habe ich Ihnen noch kleine Experimente zur Stärkung entworfen. Diese beziehen sich auf drei Themen, die vielen von uns sicher bekannt sind.

Vertrauen

Vertrauen Sie sich selbst? Vertrauen Sie anderen Menschen? Vertrauen Sie dem Universellen? Immer, oder fehlt Ihnen hin und wieder Vertrauen?

Experiment: Blindflug

Wenn Sie spazieren gehen, vielleicht durch die Stadt bummeln, schließen Sie ganz bewusst für einige Meter des Weges die Augen. Vertrauen Sie sich. Gehen Sie dynamisch voran, und lenken Sie Ihre Aufmerksamkeit dabei auf Ihre Füße. Gehen Sie sicheren

Schrittes, und fangen Sie bloß nicht an, darüber nachzudenken, was entgegenkommende Passanten von Ihnen denken könnten. Bleiben Sie vertrauensvoll bei sich. Sagen Sie zu sich: »Ich vertraue mir!«

Experiment: Spaziergang

Wenn Sie mit Ihrem Partner oder einer Freundin spazieren gehen, lassen Sie sich einmal bewusst führen. Schließen Sie Ihre Augen, und gehen Sie mindestens fünf Minuten so neben Ihrer Begleitung her. Tauschen Sie dann die Rollen. Vertrauen Sie sich gegenseitig. Sie können in Gedanken sagen: »Ich vertraue dir, ich vertraue mir!«

Wut, Groll und Zorn

Sind Sie manchmal wütend? Auf wen sind Sie wütend, was ärgert Sie? Kennen Sie das Gefühl, Aggressionen bei anderen zu spüren, und Sie würden am liebsten schreien, tun es aber nicht? Steigt manchmal Zorn in Ihnen auf, und Sie schießen damit ungehalten um sich?

Experiment: Laute Autofahrt

Nutzen Sie die Zeit in Ihrem Auto, wenn Sie allein von A nach B fahren. Schreien Sie zehnmal, so laut Sie können, ein »A A A«, oder nutzen Sie ein Schimpfwort, das Ihren Ärger unterstreicht, seien Sie ungehalten. Brüllen Sie es raus. Hier verletzen Sie niemanden damit, und Sie können sich endlich entladen.

Experiment: Wut ablassen in der Einsamkeit

Gehen Sie an einen Platz, von dem Sie wissen, dass dort kein Mensch sein wird. Schreien Sie auch hier Ihre Wut, Ihren Zorn,

Ihre ganzen angestauten Gefühle aus sich heraus. Schreien Sie mindestens zehnmal – so laut es nur geht. Danach werden Sie sich befreiter fühlen.

Experiment: Seien Sie explosiv

Sollten Sie die Chance haben, zu Hause ungestört zu sein, bauen Sie sich einen Berg aus Kissen. Dann benötigen Sie einen Stock, einen Baseballschläger oder einen Besenstiel, knien Sie sich vor die Kissen, und schlagen Sie mit voller Wucht und Kraft auf die Kissen ein. Stoßen Sie dabei laute Schreie aus. Spüren Sie, wie der Zorn dabei aus Ihnen weicht.

Demut und Liebe

Kennen Sie das? »Alle Männer sind Schweine!«, »Frauen sind doch nur für das eine gut!«, »Männer merken es sowieso nicht!«, »Kinder, Küche, Kaufen!« … gegenseitige Verachtung zwischen Männern und Frauen ist ein sehr präsentes Thema. Wie können wir liebevoll miteinander umgehen, wenn wir uns geprägt von negativen Glaubenssätzen begegnen? Verachtung finden wir natürlich auch von Frau zu Frau oder für einen anderen Kulturkreis oder, oder, oder … Negative Schwingungen, die, wenn wir sie in die Welt geben, uns ebenso treffen. Sie kommen zu uns zurück. Frei nach dem Gesetz: »Früher oder später bekommst du, was du gibst!«

Begegnungen in Demut und Liebe helfen uns, aus der Spirale von Vorurteilen und Verachtung zu kommen.

Experiment: Demütig, nicht unterwürfig

Ziehen Sie sich in einen Raum zurück. Entzünden Sie eine Kerze, und verneigen Sie sich. Besser noch legen Sie sich flach in Bauchlage auf den Boden, die Arme rechts und links ausgestreckt, und den Kopf zur Seite gedreht oder mit der Stirn auf dem Boden verweilend. Halten Sie die Augen geschlossen, und stellen Sie sich vor, wie Sie sich vor dem Männlichen verneigen. Sie können sich natürlich auch vorstellen, wie Sie sich vor Ihrem Partner verneigen oder vor einer anderen Person. Wichtig dabei ist es, in Demut und Liebe zu sein. Es geht bei dieser Übung nicht um Unterwürfigkeit. Verweilen Sie, solange Sie können.

Experiment: Demütig vor Unbekannten

Wenn Sie ein Restaurant betreten, die U-Bahn, einen Bus oder eben ein Gebäude, in dem viele Menschen zusammentreffen, stellen Sie sich einfach vor, wie Sie sich vor all diesen Menschen verneigen. Schauen Sie in fremde Augen, und verneigen Sie sich innerlich vor diesen Personen, deren Blicke Sie geschenkt bekommen.

Experiment: Demut für die eigene Person

Suchen Sie einen stillen Raum auf, entzünden Sie eine Kerze, und verneigen Sie sich vor sich selbst. Legen Sie sich flach auf den Bauch, und bleiben Sie in Demut und Liebe zu sich.

»In Demut und Liebe zu sich selbst.«

Mit diesen Worten möchte ich meine Gedanken und Thesen schließen. Ich hoffe, ich konnte Sie ein wenig inspirieren auf Ihrem Weg, Erkenntnisse erwecken und Ihnen das Potenzial eigener Freiheit und Stärke vermitteln. Vielleicht erkennen Sie bereits Strukturen bei sich und Ihren Mitmenschen und können Verstrickungen vermeiden oder leichter auflösen. Vielleicht macht es Ihnen Spaß, sich mit kleinen Experimenten in Ihrem Alltag auszuprobieren, an Ihren Schwächen zu feilen und liebevoll zu sich selbst zu sein. Vielleicht wird sogar die Meditation ein Mittel, das Sie regelmäßig verwenden. Vielleicht werfen Sie aber auch einfach das Gelesene wieder über Bord. Ich wünsche Ihnen von Herzen alles erdenklich Gute auf Ihrem Weg. Und vergessen Sie nicht, wir sind mehr als nur Struktur!

Nachwort

Eigentlich, liebe Leserinnen und Leser, hatte ich das Manuskript für dieses Buch bereits fertig, als ich mit meinem Freund Ralf Blass auf eine spirituelle Reise ging. Eine Reise, von der ich Ihnen noch etwas mitgebracht habe.

Wie ich bereits erwähnte, interessiere ich mich sehr für den Buddhismus. Eine Lebensphilosophie, die ich versuche, so gut es geht, in meinen Alltag zu integrieren und zu praktizieren.

Das Ziel meiner Reise war in diesem Fall ein kleiner, beschaulicher Ort im Süden. Sieben Autostunden bin ich gefahren, um mir einen buddhistischen Vortrag zur »Geistesruhe im Alltag« anzuhören. Tulku Lobsang, ein hoher buddhistischer Meister und angesehener Arzt der Tibetischen Medizin, reist um die Welt, um einfache, klare und gut verständliche Belehrungen vorzutragen. Buddhismus für die Menschen des Westens. Das, was ich hörte war unmissverständlich, humorvoll und einprägsam. Ein sympathischer Lehrer, dem man gern zuhört.

Aufgrund des Vortrages und der dort gehörten buddhistischen Theorien haben sich dann für mich einige Fragen ergeben, deren Antworten vielleicht mein Wissen um die Psyche und die familiensystemische Ordnung durchkreuzen und negieren würden.

Manchmal ist es wichtig zu lernen, zu verstehen, um dann doch alles wieder über Bord zu werfen. Ich möchte Ihnen diese Ansätze also nicht vorenthalten, weil sie auch für mich eine Bereicherung sind. Unspektakulär, schlicht und mit dem einen Ziel, das am Ende alle Theorien verfolgen – Ruhe und Frieden in den Geist zu bringen. Oder einfach gesagt: Lasst uns glücklich sein!

Tulku Lobsang, 1976 im Nordosten Tibets geboren, trat mit sechs Jahren in die dortige buddhistische Klosterschule ein und wurde im Alter von 13 Jahren als die achte Reinkarnation des Nyentse Lama wiedererkannt. Schon zu diesem Zeitpunkt beeindruckte er die Menschen mit seiner Fähigkeit zu heilen. Tulku Lobsang erhielt eine intensive Ausbildung in den grundlegenden buddhistischen Praktiken, in Tibetischer Medizin, Astrologie, Philosophie und den Lehren des Tantrayana.

Jedes Jahr reist Tulku Lobsang durch Europa, Asien und Amerika, um sein Wissen weiterzugeben. Tulku Lobsangs Unterweisungen sind gekennzeichnet durch seine herzliche und liebenswürdige Art. Spannend, humorvoll, lebendig und alltagsnah gelingt ihm bei seinen Unterweisungen der Spagat, das jahrtausendealte Wissen des tibetischen Buddhismus in die Gegenwart zu übertragen. Es ist ihm ein großes Anliegen, dass sich durch den kulturellen Austausch das Leiden in der Welt verringert.

Die anschließenden Fragen habe ich mit Tulku Lobsang besprochen und versucht, seine Belehrungen, die ich auf Englisch bekommen habe, bestmöglich ins Deutsche zu übertragen. Ich wünsche Ihnen viel Freude beim Lesen und schließe mein Buch mit Tulku Lobsangs Worten ab.

1. Wie wichtig ist die Arbeit mit der Psyche aus buddhistischer Sicht?

Tulku Lobsang: Der Geist ist der König unseres Seins. Der Eigner des Seins. Probleme des Körpers, der Gedanken, des Lebens entstehen durch den Geist – oder können durch den Geist heilen. Der Geist ist der stärkste und kraftvollste Motor, den wir besitzen. Die Arbeit damit ist also durchaus wichtig. Die Frage des »Wie« und »Mit welchem Ziel« schließt sich dem nur an.

2. Was kann ein Mensch tun, um Störgefühle wie Wut, Zorn, Hass und anhaltende Aggression nicht über sein Handeln regieren zu lassen?

Tulku Lobsang: Am wichtigsten ist es, den Gefühlen nicht so viel Bedeutung beizumessen. Es ist wertvoll, sich in Mitgefühl und Liebe zu üben und Störgefühlen, wie sie hier genannt werden, nicht so intensiv nachzugehen. Aber lassen Sie mich erklären. Die Menschen haben grundsätzlich ein Problem damit, mit negativen Emotionen umzugehen, die sie erleben. Ständig sind sie auf der Suche nach dem Grund, dem Warum und Woher. Sie suchen nach dem Verursacher, wollen wissen, wer ihnen dieses Gefühl »angetan« hat. Es ist aber das Allerwichtigste, irgendwann zu verstehen, dass es nicht darum geht, den Grund für ein Störgefühl zu finden, den »Schuldigen« zur Rechenschaft zu ziehen. Damit begibt man sich nämlich nur weiter in eine negative Energiespirale der Anhaftung eben solcher ungewünschter Emotionen.

Gerade die Menschen im Westen, die mit ihrer hohen Intelligenz und ihrem Sinn für Analyse versuchen, tief zu graben, und komplizierte Zusammenhänge förmlich suchen, können oft die »einfache

Methode« für sich nicht in Erwägung ziehen. Sie erscheint ihnen schlicht zu »billig«.

Oft fällt mir auf, dass die Menschen sich über ihr Leid, ihre Trauer und ihr Unglück definieren. Sie erzählen ihre Geschichten von Leid und geben damit nicht nur der Vergangenheit immer wieder Kraft in der Gegenwart, sondern hängen an ihrem Leid, ihrer Traurigkeit, bis sie damit ihre Zukunft definieren. Was hätten die Menschen noch, wenn sie ihre Emotionen nicht so wichtig nehmen würden? Wer wären sie ohne große Dramen? Menschen brauchen Gefühle für ihr Sein.

Es ist also ganz einfach: Lassen Sie Ihre Emotionen weiterziehen, seien Sie Beobachter, und jagen Sie Ihren Gefühlen nicht unnötig hinterher. Lassen Sie Vergangenes in der Vergangenheit, und seien Sie präsent in der Gegenwart – mit Mitgefühl und besten Absichten.

3. Wie wichtig ist aus buddhistischer Sicht die Erkenntnis um die Prägung und die damit entstandene Charakterstruktur, die zu bestimmten, auch negativen Verhaltensweisen im Alltag führt?

Tulku Lobsang: Das Erkennen des eigenen negativen Verhaltens ist gut. Aber auch hier gilt es, wie bereits in der vorherigen Antwort beschrieben, den daraus resultierenden Emotionen nicht so viel freien Raum zu geben. Viel wichtiger ist es generell, in seiner eigenen Kraft, in seiner eigenen friedlichen Energie zu verweilen. Ein Beispiel: Setzen Sie sich für zehn Minuten aufrecht und bequem an einen ruhigen Platz. Atmen Sie, und seien Sie ganz bei sich. Aus dieser Ruhe heraus agieren Sie dann in Ihrem eigenen

Feld. Menschen, die Ihnen begegnen, agieren bestenfalls auch in ihrem eigenen Feld, und damit sollte es nicht zu Verwicklungen kommen. Jeder bleibt in seinem, nennen wir es »Kraftfeld«. Wenn Sie nun aber den Emotionen, negativen wie auch positiven, zu viel Raum schenken, »springen« Sie damit jedes Mal aus Ihrem Feld der Ruhe, und das wird dann früher oder später für Probleme sorgen.

4. Welche Rolle spielen Vater und Mutter aus buddhistischer Sicht im Leben eines Menschen?

Tulku Lobsang: Die Eltern spielen eine große Rolle im Leben eines Kindes. Wenn ihre Partnerschaft stabil ist und ihre Motivation, ein Kind oder mehrere Kinder großzuziehen, voller Liebe ist, ist das die richtige Basis für eine Familie.

Der Vater sollte dem Kind Stärkung im Glauben schenken. Es in seinem Handeln und Sein lenken und bekräftigen. Die Mutter lehrt ihr Kind die Liebe. Sie ist Repräsentantin der Liebe für ihr Kind.

Natürlich sind auch Eltern nur Menschen und nicht frei von Problemen. Sie sollten aber als Eltern darauf achten, ihr »privates Leben«, vor allem Schwierigkeiten, nicht vor dem Kind auszuleben. Andernfalls wäre es richtig, dem Kind in Ruhe zu erklären, wenn sich elementare Dinge ereignen. Eltern können nicht perfekt sein, sie sind Menschen, aber sie geben immer ihr Bestes. So wie es ihnen zu diesem Zeitpunkt, mit ihren Mitteln möglich ist.

Das Kind, der Jugendliche und der Erwachsene kann somit lernen, Mitgefühl und Liebe für seine Eltern zu entwickeln.

5. Warum reagiert die Psyche oft so intensiv und immer wieder auf dieselbe Art, obwohl Menschen an ihren Störgefühlen und unterbrochenen Hin-Bewegungen bereits vielfach gearbeitet haben? Wie kann aus buddhistischer Sicht am besten Beruhigung ins System einkehren?

Tulku Lobsang: Aus buddhistischer Sicht kommt es immer wieder dazu, dass sich uns Emotionen und Geisteseindrücke in Form von Störgefühlen zeigen, auch wenn wir bereits viel mit unserem Geist (auch als Psyche zu bezeichnen) gearbeitet haben.

Zum einen sind wir in unserem täglichen Leben mit Handlungen beschäftigt, die immer wieder über Ursache und Wirkung unser Karma ausmachen – das Karma von gestern, von letzter Woche, das Karma von diesem Augenblick. Es ist also wichtig, unaufhörlich zum Beispiel die **Motivation** der eigenen Handlungen zu überprüfen.

Dennoch besteht auch die Möglichkeit, dass es sich bei bestimmten Eindrücken, die wir wahrnehmen, die wir vielleicht extrem ablehnen, um alte Erscheinungen aus vergangenen Zeiten (auch aus früheren Leben) handelt.

Wieder und wieder werden Emotionen aufsteigen und sich Eindrücke in unserem Geist zeigen. Unsere Aufgabe ist es aber, keine Energie in sie zu geben.

6. Was passiert in der Meditation, und wie wichtig ist sie tatsächlich für den Geist?

Tulku Lobsang: Meditation ist aus meiner Sicht die beste Möglichkeit, den Geist zu reinigen.

Die meisten Menschen streben danach, im Außen oder eben bei anderen Menschen etwas in Ordnung zu bringen – etwas zu klären, etwas zu sortieren und zu bereinigen. Ich finde es wichtig, dass jeder Mensch damit bei sich beginnt. Und es gibt nichts Besseres als jeden Tag, vielleicht zehn Minuten, zu meditieren. Damit kommt man in seine eigene Mitte, in seinen eigenen »Raum«. So fallen meistens schon 50 Prozent der Probleme weg, die uns der Geist selbst kreiert hat. Die anderen 50 Prozent bekommen möglicherweise eine Lösung durch den Weg der Mediation. Es ist also wirklich eine Empfehlung zu meditieren, und aus der wachsenden Klarheit heraus in den Kontakt zu anderen Menschen zu gehen.

Meditation schafft Klarheit in den Geist.

Probieren Sie es aus: Setzen Sie sich aufrecht, aber bequem hin. In einen Sessel, auf einen Stuhl oder auf den Boden, wenn Sie mögen. Entspannen Sie sich. Entspannen Sie dabei vor allem Ihre Schultern. Relaxen Sie. Nicht mehr. Dann atmen Sie ganz ruhig ein und wieder aus. Zählen Sie dann dabei Ihr Ein- und Ausatmen.

Atme ein – eins. Wieder ausatmen. Atme erneut ein – zwei. Wieder ausatmen. Atme wieder ein – drei. Wieder ausatmen usw.

Versuchen Sie zehn Minuten am Tag diese friedvolle Übung für wachsende Klarheit.

Anhang

Adressen und Links

Kontaktadressen Therapeuten

Bernhard Voss Jahrestrainings: Ausbildung zur systemischen Prozessbegleitung – familiensystemische Ordnungen erkennen und wiederherstellen lernen.
KSP-Kurse – Körperspuren lesen und deuten. Selbsterfahrungskurse – »Shark« – Furchtlosigkeit und Vertrauen. Diverse Themenabende. Am besten werfen Sie einfach einen Blick auf die Homepage!
Homepage: www.voss-institut.dc, E-Mail: info@voss-institut.de

Birgit Schmiedel: Therapien für Kinder und Familien
E-Mail: info@birgitschmiedel.de, Telefon: (01 57) 85 90 99 27

Davy Schneider: Privatpraxis für Physiotherapie
Gutes für den Körper. Ausgebildet in diversen Praktiken arbeitet Herr Schneider dennoch vorwiegend über das Gewebe, über die körperliche Ebene am Menschen.

Praxisadresse: Ehrenstr. 45–47, 50672 Köln, E-Mail: davy@davy-schneider.de, Telefon: (02 21) 17 06 93 81

Simone Schwartz und Stefan Bügler: Paarcoaching

Paare in Krisen, Menschen, die unzufrieden sind in ihrer Beziehung, Zeit für Reflexion in Partnerschaften. Simone Schwartz und Stefan Bügler sind sowohl allein als auch gemeinsam in diesem Segment Ansprechpartner und Unterstützer.
Kontaktdaten siehe unten.

Simone Schwartz: Coaching, Beratung, Supervision, Selbsterfahrung & Selbstmanagement

Homepage: www.simoneschwartz.de, E-Mail: info@simone-schwartz.de, Telefon: (01 52) 22 37 36 26

Stefan Bügler, systemischer Prozessbegleiter: Coaching für Einzelpersonen und Paare

Homepage: www.zeit-fuer-coaching.de, E-Mail: buegler@zeit-fuer-coaching.de

Ralf Blass: Physiotherapeut, Gestaltcoach und systemischer Prozessbegleiter

Arbeitet auf körperlicher und psychotherapeutischer Ebene. Besonders einfühlsam mit (gehandicapten) Kindern.
Anschrift: Morgenstraße 14, 59423 Unna
E-Mail: info@ralf-blass.de, Telefon: (0 23 03) 33 41 83 und (01 76) 30 33 12 92

Kontakt zur Autorin

Sam Jolig: Körperpsychotherapeutin und systemische Prozessbegleiterin

Coaching bei Adoption, für Patchwork-Familien und Familien im Allgemeinen, Coach mit Partner-Pferd für Kinder mit Beeinträchtigung.

Gemeinsam als Coaches Sam Jolig und Ralf Blass: Seminare für Erzieher und (werdende) Eltern, Tipps für den richtigen Umgang miteinander. »Wer reagiert wie und warum? Struktur erkennen und transformieren«, »Was wir aus unseren Kindern machen! So formen wir ihre Struktur. Erkennen, um zu verändern«.

Sandra und Ralf führen familiensystemische Wochenenden und gemeinsame Intensiv-Behandlungstage als Körperpsychotherapeuten.

Homepage: www.sam-jolig.de, E-Mail: sam_sandra@web.de

Meditationskurse

Von Tulku Lobsang angebotene Kurse (auch in Deutschland) finden sich auf der Website: www.tulkulobsang.org

Literaturtipps

Mehr zum Buddhismus

Lobsang, Tulku: *108 Fragen aus der geheimen Weisheit Tibets.* Nangten Menlang International, 2008.

Lobsang, Tulku: *Befreie dich selbst vom BURNOUT SYNDROM.* Nangten Menlang International, 2010.

Lobsang, Tulku: *Liebe & Gesundheit.* Nangten Menlang International, 2012.

Lobsang, Tulku: *Lu Jong.* O. W. Barth Verlag, 2010.

Murphy, Joseph Dr.: *Die Macht Ihres Unterbewusstseins.* Ariston, 2009.

Nydahl, Ole: *Buddha und die Liebe.* Knaur, 2007.

Nydahl, Ole: *Die Buddhas vom Dach der Welt.* Aurum im Kamphausen Verlag, 2003.

Nydahl, Ole: *Von Tod und Wiedergeburt: Woher wir kommen – wohin wir gehen.* Knaur MensSana, 2011.

Nydahl, Ole: *Wie die Dinge sind. Eine zeitgemäße Einführung in die Lehre Buddhas.* Knaur, 2004.

Rinpoche, Sogyal: *Das Tibetische Buch vom Leben und vom Sterben.* Knaur MensSana, 2010.

Hintergrundwissen zum Thema Psychologie

Nitzschke, Bernd: *Die Psychoanalyse Sigmund Freuds: Konzepte und Begriffe (Schlüsseltexte der Psychologie).* VS Verlag für Sozialwissenschaften, 2010.

Zittlau, Jörg: *»Sie meinten's herzlich gut«: Berühmte Leute und ihre schrecklichen Eltern.* List, 2010.

Bücher zu den Themen Psycho- und Körpertherapie sowie zu systemischen Ansätzen

Dahlke, Rüdiger; Dethlefsen, Thorwald: *Krankheit als Weg. Deutung und Be-Deutung von Krankheitsbildern.* Goldmann, 2012.

Ennenbach, Matthias: *Buddhistische Psychotherapie. Ein Leitfaden für heilsame Veränderungen.* Windpferd, 2010.

Hellinger, Bert; ten Hövel, Gabriele: *Anerkennen was ist: Gespräche über Verstrickung und Lösung.* Arkana, 2007.

Wilber, Ken: *Mut und Gnade.* Scherz Verlag, 1992 (leider nur noch als gebrauchtes Buch erhältlich, aber für mich so schön, dass ich es hier trotzdem erwähne)

Wilber, Ken; Leonard, Adam; Patten, Terry; Morelli, Marco: *Integrale Lebenspraxis: Körperliche Gesundheit, emotionale Balance, geistige Klarheit, spirituelles Erwachen. Ein Übungsbuch.* Kösel, 2010.

DANK

Von Herzen danken möchte ich meinen Lehrern und Freunden auf dem Weg, die mich all die Jahre begleitet und unterstützt haben. Danke an Gabriele Lehnen, die mich ins Voss-Lehnen Institut (VLI) in Hamburg einlud und mir die Türen zu einer tiefgründigen Welt geöffnet hat.

Besonderer Dank gilt Bernhard Voss, der ein ausgezeichneter Lehrer ist. Kraftvoll, stark und unglaublich feinfühlig. Bernhard ist beeindruckend in seiner Arbeit, seine Resonanzfähigkeit ist brillant – und ich bin froh, als seine Schülerin viel von ihm gelernt zu haben.

Bernhard hat mich nicht nur zu diesem Buchprojekt inspiriert, sondern mir als Ratgeber während des Projektes immer zur Seite gestanden. Danke dafür!

Danke auch an Ralf Blass, meinen Kollegen und einen echten Freund auf dem Weg, der mich fast täglich ausgehalten hat mit meinen telefonischen Reflexionswünschen und Fachgesprächen. Er hat mir immer wieder Kraft, Kreativität und Freude geschenkt. Sein Geist fließt mit in meinen Zeilen.

Danke an meinen Buchagenten Michael Kneissler, ihm kann ich nicht genug Danke sagen! Er ist Zuhörer, Berater und Beschützer, und ich kann ihn mir kaum mehr aus meinem Leben wegdenken.

Danke an meine Lektorin Karin Weber, die mich fördert und unterstützt, damit ich als Autorin weiter wachsen kann.

Danke an eine ganz tolle Fachfrau, Lektorin Ina Raki, die mir für dieses Buch ebenfalls zur Seite stand und mich bestens unterstützt hat.

Danke an meine Familie. An meine Eltern, die mir das Leben schenkten und vieles mehr. An meinen wertvollen Mann, der mit mir durch dick und dünn geht und mich wachsen lässt – und an meine wundervollen Kinder, weil sie sind.

Register

Um die ganze Welt des
GOLDMANN Verlages
kennenzulernen, besuchen Sie uns doch
im **Internet** unter:

www.goldmann-verlag.de

Dort können Sie
nach weiteren interessanten Büchern *stöbern*,
Näheres über unsere *Autoren* erfahren,
in *Leseproben* blättern, alle *Termine* zu Lesungen und
Events finden und den *Newsletter* mit interessanten
Neuigkeiten, Gewinnspielen etc. abonnieren.

Ein *Gesamtverzeichnis* aller Goldmann Bücher finden
Sie dort ebenfalls.

Sehen Sie sich auch unsere *Videos* auf YouTube an und
werden Sie ein *Facebook*-Fan des Goldmann Verlags!